読む力 書く力 を育てる

数研出版編集部 編

英語のきほん 30

JN008241

数研出版

https://www.chart.co.jp

もくじ

はじめに…………………………………… 4

本書の特長と使い方……………………… 5

アルファベット…………………………… 6

あいさつ…………………………………… 8

1	I am 〜.	10
2	You are 〜.	12
3	He is 〜. / She is 〜.	14
4	We are 〜. / They are 〜.	16
5	I am not 〜. / You are not 〜.	18
6	He is not 〜. / She is not 〜.	20
7	We are not 〜. / They are not 〜.	22
8	Are you 〜?	24
9	Is he 〜? / Is she 〜?	26
10	Are they 〜?	28
●	世界のスポーツ	30
11	This is 〜. / That is 〜.	32
12	This is not 〜. / That is not 〜.	34
13	Is this 〜? / Is that 〜?	36
14	What is 〜?	38
15	I like 〜. / We like 〜.	40
16	They want 〜.	42
17	I don't 〜. / We don't 〜.	44
18	Do you 〜?	46
19	What do you 〜?	48

| 20 | My name is 〜. | 50 |

●	世界の朝ごはん	52
21	Speak English. / Please 〜. / 〜, please.	54
22	Don't 〜.	56
23	Who is 〜?	58

| 24 | Whose 〜 is ...? | 60 |
| 25 | Which 〜 do you ...? | 62 |

| 26 | Where is 〜? | 64 |
| 27 | I can 〜. | 66 |

28	He can't 〜. / She can't 〜.	68
29	Can you 〜?	70
30	I am good at 〜.	72

| ● | 世界のお祭り | 74 |

| 曜日・月・季節の単語 | 76 |
| 練習用ページ | 78 |

この本に出てくる言葉

主語 (しゅご)	文の中で「何が，だれが」に当たる部分を主語といいます。
名詞 (めいし)	人や物の名前を表す言葉を名詞といいます。
動詞 (どうし)	動作や状態 (じょうたい) を表す言葉を動詞といいます。
be 動詞 (ビーどうし)	状態や存在を表す am, are, is の 3 つの動詞を be 動詞といいます。主語によって 3 つを使い分けます。
一般動詞 (いっぱんどうし)	be 動詞以外の動詞を，一般動詞といいます。
疑問詞 (ぎもんし)	「何」「どこ」「だれ」「だれの」などを相手にたずねるときに使います。

はじめに

　英語の技能には，大きく分けて「読むこと」「書くこと」「話すこと」「聞くこと」の4つがあります。この本は，そのうちの「読むこと」「書くこと」に焦点をあてたものです。

　「読むこと」「書くこと」の学習は，小学生の段階では難しいとお考えの方も多いかもしれません。しかし，「読むこと」「書くこと」は，中学校以降の英語学習において基本となる大切な技能です。例えば，文法の学習や大学の入学試験で出題される読解問題では，「読むこと」「書くこと」が身についていることが求められます。中学校以降の英語に苦手意識を持たずに取り組むためには，「話すこと」「聞くこと」の学習によって慣れ親しんだ英語の音声を，早い段階で文字と結びつけて認識することが必要です。

　こういったことから，小学生のうちにしっかり「読むこと」「書くこと」の学習に取り組んでおくことはとても意義があることだと考えています。この本で，英語の「読む力」「書く力」を育て，英語の確かな基礎力を身につけましょう！

「数犬チャ太郎」プロフィール

名前	：数犬チャ太郎
性別	：男の子
種類	：しば犬
誕生日	：3月14日
好物	：パイ
性格	：元気いっぱい！

ぼくといっしょに
がんばろう！

本書の特長と使い方

『読む力・書く力を育てる　英語のきほん 30』は，小学校で習う基本的な英語の表現を学習できる，「読むこと」「書くこと」に特化した問題集で，次のような特長があります。

① 小学校で習う代表的な英語の表現を，全部で 30 単元扱っています。

② なぞり書き→語句の並べかえ→作文の順番で，無理なく段階的に学習できます。

③ それぞれの表現の文法的な成り立ちを，図解しています。

④ 世界の様々な文化について取り上げているページもあります。息抜きに取り組んでみましょう。

このページのポイントを，図解を交えてわかりやすくまとめています。

2 問目は並べかえの問題です。「覚えておこう！」や 1 問目を参考にしながら考えてみましょう。

3 問目は自分で文を作る問題です。絵をヒントにして，英語の文を作ってみましょう。

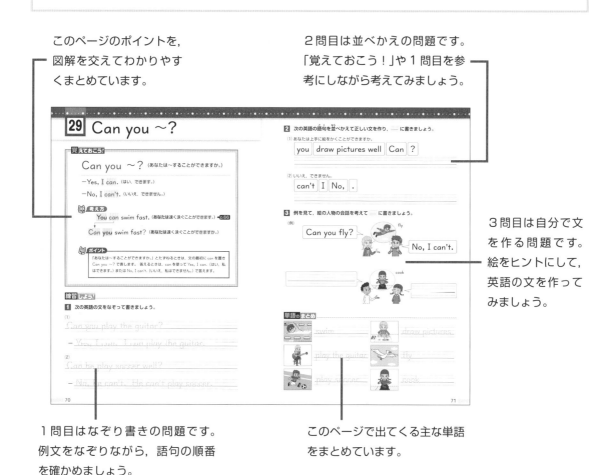

1 問目はなぞり書きの問題です。例文をなぞりながら，語句の順番を確かめましょう。

このページで出てくる主な単語をまとめています。

アルファベット

大文字

A B C D E F G H I J K L M

小文字

a b c d e f g h i j k l m

A a	B b	C c	D d	E e

apple

banana

cat

dog

egg

K k	L l	M m	N n	O o

koala

lion

mouse

notebook

orange

U u	V v	W w	X x	Y y

umbrella

violin

watch

box

yellow

NOPQRSTUVWXYZ

nopqrstuvwxyz

F f	G g	H h	I i	J j

fox	guitar	hat	ink	jump

P p	Q q	R r	S s	T t

police	queen	racket	ski	tiger

Z z

zoo

上のアルファベットの大文字と小文字をなぞって，書き方を練習しよう。

あいさつ

Good morning.
（おはよう。）

Good afternoon.
（こんにちは。）

Good evening.
（こんばんは。）

Good night.
（おやすみなさい。）

How are you?
— I'm fine.
（お元気ですか。― 元気です。）

Thank you.
（ありがとう。）

Excuse me.
（すみません。）

I'm sorry.
（ごめんなさい。）

See you.
（またね。）

○左のページで学んだ英語のあいさつをなぞって，書き方を練習しましょう。

よく使う英語のあいさつを覚えよう！
単語と単語の間は少し空けて書くよ。

Good morning.

Good afternoon.

Good evening.

Good night.

How are you? ― I'm fine.

Thank you.

Excuse me.

I'm sorry.

See you.

1 I am 〜.

覚えておこう!

I am 〜. （私は〜です。）

考え方

私は　　田中ゆり　　です。

I　　am　　Tanaka Yuri.

例

I am from Osaka.　（私は大阪出身です。）

I am tired.　（私はつかれています。）

短縮形
I am → I'm

ポイント

「私は〜です。」と自分のことを言うときは，I am 〜. で表します。I am のあとに，自分の名前や出身地，状態を表す語などを続けます。am は be 動詞と呼び，主語によって変化します。am は主語が I のときに使います。

練習しよう!

1 次の英語の文をなぞって書きましょう。

(1)

I am Suzuki Ryota.

I am from Nagoya.

(2)

I'm Mike Smith.

I'm happy.

2 次の英語の語句を並べかえて正しい文を作り，＝＝に書きましょう。

(1) 私は元気です。

| fine | I | am | . |

(2) 私は東京出身です。

| am | from Tokyo | I | . |

3 例を見て，絵の人物の言葉を考えて ＝＝ に書きましょう。

(例)

I am busy.

busy

hungry

単語の まとめ

tired

busy

happy

hungry

fine

11

覚えておこう！

You are 〜. （あなたは〜です。）

🐕 考え方

I am Tanaka Yuri. （私は田中ゆりです。） ← p.10

You are Nakamura Daiki. （あなたは中村だいきです。）
↳ 主語が you のとき，be動詞は are を使います。

例

You are from Kyoto. （あなたは京都出身です。）

You are a student. （あなたは生徒です。）

短縮形
You are
→ You're

🐕 ポイント

「あなた（たち）は〜です。」と相手のことを言うときは，You are 〜. で表します。You are のあとに，相手の名前や出身地，状態を表す語などを続けます。主語が you のとき，be動詞は are を使います。

練習しよう！

1 次の英語の文をなぞって書きましょう。

(1)

You are Harada Miki.

You are from Okinawa.

(2)

You're Emma Brown.

You're a teacher.

2 次の英語の語句を並べかえて正しい文を作り，══ に書きましょう。

(1) あなたは歌手です。

| are | a singer | You | . |

(2) あなたは北海道出身です。

| from Hokkaido | are | You | . |

3 例を見て，絵の人物の言葉を考えて ══ に書きましょう。

（例）

You are a soccer player.

a soccer player

a doctor

単語の まとめ

student

soccer player

teacher

doctor

singer

3 He is ～. / She is ～.

覚えておこう!

He is ～. （かれは～です。）
She is ～. （かのじょは～です。）

考え方

I am from Osaka. （私は大阪出身です。） ←p.10

He is from Osaka. （かれは大阪出身です。）
　↳ 主語が he や she のとき，be 動詞は is を使います。

例

He is a teacher. （かれは教師です。）

She is my sister. （かのじょは私の姉[妹]です。）

短縮形
He is → He's
She is → She's

ポイント

「かれ[かのじょ]は～です。」と言うときは，He is ～. / She is ～. で表します。主語が男性のときは he(かれは)，女性のときは she(かのじょは)を使います。is も am や are と同じ be 動詞で，主語が he や she などのときに使います。

練習しよう!

1 次の英語の文をなぞって書きましょう。

(1)

He is Tom.

He's my father.

(2)

She is my mother.

She's a doctor.

14

2 次の英語の語句を並べかえて正しい文を作り，========に書きましょう。

(1) かれは千葉出身です。

| is | He | from Chiba | . |

(2) かのじょは私の祖母です。

| my grandmother | is | She | . |

3 例を見て，絵の人物の言葉を考えて========に書きましょう。

(例)

He is my grandfather.

my grandfather

my brother

単語の まとめ ─────────────────────

grandfather

grandmother

father

mother

brother

sister

4 We are ～. / They are ～.

覚えておこう！

We are ～. (私たちは～です。)
They are ～. (かれらは～です。)

考え方

I am from Osaka. (私は大阪出身です。) ← p.10

We are from Osaka. (私たちは大阪出身です。)

↳ 主語が we や they のとき，be 動詞は are を使います。

短縮形
We are → We're
They are
→ They're

例

We are fine. (私たちは元気です。)

They are my sons. (かれらは私のむすこです。)

ポイント

「私たちは～です。」と言うときは We are ～.，「かれら[かのじょら]は～です。」と言うときは They are ～. で表します。主語が we(私たちは)や they(かれらは)などのように 2 人以上(複数)のとき，be 動詞は are を使います。

練習しよう！

1 次の英語の文をなぞって書きましょう。

(1)
We are tired.

(2)
We're musicians.

(3)
They are farmers.

(4)
They're my daughters.

16

2 次の英語の語句を並べかえて正しい文を作り、 に書きましょう。

(1) 私たちは警察官です。

| police officers | are | We | . |

(2) かれらは私の両親です。

| are | They | my parents | . |

3 例を見て、絵の人物の言葉を考えて に書きましょう。

(例)

We are hungry.

hungry

busy

単語の まとめ

musician

son

farmer

daughter

police officer

parents

5 I am not ~. / You are not ~.

覚えておこう!

I am not ~. （私は~ではありません。）
You are not ~. （あなたは~ではありません。）

考え方

I am from Osaka. （私は大阪出身です。）←p.10

I am not from Osaka. （私は大阪出身ではありません。）
└ be動詞 am のあとに not を置きます。

例

I am not a pilot. （私はパイロットではありません。）

You are not sick. （あなたは病気ではありません。）

短縮形
are not → aren't

ポイント

I am ~. (私は~です。)や You are ~. (あなたは~です。)を「~ではありません。」と否定する文にするときは，be動詞の am や are のあとに not を置きます。このような文を，否定文と呼びます。

練習しよう!

1 次の英語の文をなぞって書きましょう。

(1)

I am not sleepy.

(2)

I'm not from Tokyo.

(3)

You are not Aya.

(4)

You aren't soccer players.

2 次の英語の語句を並べかえて正しい文を作り，┈┈ に書きましょう。

(1) 私はのどがかわいていません。

| I | thirsty | not | am | . |

┈┈┈┈┈┈┈┈┈┈┈┈┈┈┈┈┈┈┈┈┈┈┈┈┈┈┈┈┈┈
┈┈┈┈┈┈┈┈┈┈┈┈┈┈┈┈┈┈┈┈┈┈┈┈┈┈┈┈┈┈

(2) あなたは消防士ではありません。

| a fire fighter | not | You | are | . |

┈┈┈┈┈┈┈┈┈┈┈┈┈┈┈┈┈┈┈┈┈┈┈┈┈┈┈┈┈┈
┈┈┈┈┈┈┈┈┈┈┈┈┈┈┈┈┈┈┈┈┈┈┈┈┈┈┈┈┈┈

3 例を見て，絵の人物の言葉を考えて ┈┈ に書きましょう。

(例)

I am not Kenta.

Kenta

a scientist

単語の まとめ

pilot

sick

fire fighter

sleepy

scientist

thirsty

19

6 He is not ~. / She is not ~.

覚えておこう!

He is not ~. （かれは～ではありません。）
She is not ~. （かのじょは～ではありません。）

考え方

She is my sister. （かのじょは私の姉[妹]です。） ← p.14

She is not my sister. （かのじょは私の姉[妹]ではありません。）
└→ be 動詞のあとに not を置きます。

例

He is not in the park. （かれは公園にはいません。）

She is not a doctor. （かのじょは医者ではありません。）

短縮形
is not
→ isn't

ポイント

He is ~. （かれは～です。）や She is ~. （かのじょは～です。）を否定文にすると
きは，be 動詞 is のあとに not を置きます。

練習しよう!

1 次の英語の文をなぞって書きましょう。

(1)

He is not at school.

(2)

He isn't my brother.

(3)

She is not Jane.

(4)

She isn't in the museum.

2 次の英語の語句を並べかえて正しい文を作り，┈┈ に書きましょう。

(1) かのじょはいそがしくありません。

| is | busy | She | not | . |

┈┈┈┈┈┈┈┈┈┈┈┈┈┈┈┈┈┈┈┈┈┈┈┈┈┈┈┈

(2) かれは図書館にはいません。

| not | He | in the library | is | . |

┈┈┈┈┈┈┈┈┈┈┈┈┈┈┈┈┈┈┈┈┈┈┈┈┈┈┈┈

3 例を見て，絵の人物の言葉を考えて ┈┈ に書きましょう。

(例)

She is not at the station.

at the station

in the zoo

単語の まとめ

park

library

school

station

museum

zoo

7 We are not ～. / They are not ～.

覚えておこう!

We are not ～. （私たちは～ではありません。）
They are not ～. （かれらは～ではありません。）

考え方

We are from Osaka. （私たちは大阪出身です。）←p.16

We are not from Osaka. （私たちは大阪出身ではありません。）
└ be 動詞のあとに not を置きます。

例

We are not happy. （私たちはうれしくありません。）

They are not tennis fans.
（かれらはテニスファンではありません。）

短縮形
are not → aren't

ポイント

We are ～. （私たちは～です。）や They are ～. （かれらは～です。）を否定文にするときは，be 動詞 are のあとに not を置きます。

練習しよう!

1 次の英語の文をなぞって書きましょう。

(1)
We are not baseball fans.

(2)
We aren't at the station.

(3)
They are not my parents.

(4)
They aren't soccer fans.

2 次の英語の語句を並べかえて正しい文を作り、_____ に書きましょう。

(1) 私たちはおなかがすいていません。

| not | hungry | are | We | . |

_____

_____

(2) かれらは長崎出身ではありません。

| are | They | from Nagasaki | not | . |

_____

_____

3 例を見て、絵の人物の言葉を考えて _____ に書きましょう。

(例)

We are not table tennis fans.

table tennis fans

_____

_____

_____

basketball fans

○ tennis

table tennis

baseball

basketball

soccer

8 Are you 〜?

Are you 〜?　（あなたは〜ですか。）

—Yes, I am.　（はい, そうです。）

—No, I am not[I'm not].　（いいえ, ちがいます。）

考え方

You are a student.　（あなたは生徒です。）← p.12

Are you a student?　（あなたは生徒ですか。）

└ are の最初の文字を大文字にして you の前に出し, 文の最後はクエスチョンマーク（？）にします。

ポイント

「〜ですか。」とたずねる文を, 疑問文と呼びます。「あなたは〜ですか。」とたずねるときは, Are you 〜? で表します。答えるときは, 主語を I にかえて, 「はい」のときは Yes, I am., 「いいえ」のときは No, I am not[I'm not]. で答えます。

練習しよう!

1 次の英語の文をなぞって書きましょう。

(1)

Are you Ken's classmate?

— Yes, I am.

(2)

Are you from France?

— No, I'm not. I'm from America.

2 次の英語の語句を並べかえて正しい文を作り，〓 に書きましょう。

(1) あなたはトムの友だちですか。

| Tom's friend | you | Are | ? |

(2) (上の質問に答えて) いいえ，ちがいます。

| I | not | No, | am | . |

3 例を見て，絵の人物の会話を考えて 〓 に書きましょう。

(例)

Are you from Italy?

from Italy

No, I'm not.

from China

単語の まとめ

classmate

friend

France

Italy

America

China

9 Is he ～? / Is she ～?

Is he ～?　(かれは～ですか。)
Is she ～?　(かのじょは～ですか。)

—Yes, he is.　(はい, そうです。)

—No, he is not[isn't].　(いいえ, ちがいます。)

 考え方

He is a teacher.　(かれは教師です。)　←p.14

Is he a teacher?　(かれは教師ですか。)

└ is の最初の文字を大文字にして he の前に出します。

ポイント

「かれ[かのじょ]は～ですか。」とたずねるときは, Is he ～? / Is she ～? で表します。答えるときは, 質問の主語に合わせて, Is he ～? には Yes, he is. または No, he is not[isn't], Is she ～? には Yes, she is. または No, she is not[isn't]. で答えます。

練習しよう!

1 次の英語の文をなぞって書きましょう。

(1)

Is she famous?

— Yes, she is.

(2)

Is he young?

— No, he isn't.　He is old.

26

2 次の英語の語句を並べかえて正しい文を作り、〓 に書きましょう。

(1) かのじょは親切ですか。

| kind | Is | she | ? |

....

(2) (上の質問に答えて) はい、親切です。

| she | Yes, | is | . |

....

3 例を見て、絵の人物の会話を考えて 〓 に書きましょう。

(例)

Is she popular?

Yes, she is.

popular

Mr. Davis

単語の まとめ

famous

popular

young

kind

old

Are they ～?

Are they ～?　（かれらは～ですか。）

—Yes, they are.　（はい, そうです。）

—No, they are not[aren't].　（いいえ, ちがいます。）

考え方

They are my sons.　（かれらは私のむすこです。）←p.16

Are they your sons?　（かれらはあなたのむすこですか。）

└ are の最初の文字を大文字にして they の前に出します。

ポイント

「かれらは～ですか。」とたずねるときは, Are they ～? で表します。答えるときは,「はい」のときは Yes, they are., 「いいえ」のときは No, they are not[aren't]. で答えます。

練習しよう!

1 次の英語の文をなぞって書きましょう。

(1)

Are they your friends?

— Yes, they are.

(2)

Are they baseball players?

— No, they aren't.

2 次の英語の語句を並べかえて正しい文を作り，＝＝に書きましょう。

(1) かれらはつかれていますか。

| they | Are | tired | ? |

(2) （上の質問に答えて）いいえ，つかれていません。

| aren't | they | No, | . |

3 例を見て，絵の人物の会話を考えて＝＝に書きましょう。

（例）

in the park

Are they in the park?

No, they aren't.

ROCKS

from America

単語の **まとめ**

son

tired

friends

park

baseball player

America

世界のスポーツ

 kabaddi
カバディ

インドの国技。「カバディ，カバディ」と言いながら相手のチームの選手の体にさわり，自分のコートにもどれる回数をきそうスポーツです。

 capoeira
カポエイラ

音楽やリズムに合わせてステップをふみながら戦うブラジルの格闘技です。

 cricket
クリケット

イギリスで始まった球技です。ボールをバットで打ち，2か所にあるウィケットと呼ばれる3本の柱の間を走って得点をきそいます。

 taekwondo
テコンドー

韓国の国技。空手と似た格闘技です。けりわざがたくさんあり，試合中に頭に防具をつけることが特ちょうで，オリンピック種目の一つです。

●マリアが好きなスポーツについて話しています。マリアの発表を読んで，あなたの好きなスポーツについての文を完成させましょう。

> Hello. I'm Maria. こんにちは。
> 私はマリアです。
> I'm from Brazil. 私はブラジル出身です。
> I'm a capoeira fan. 私はカポエイラのファンです。
> I'm not a soccer fan. 私はサッカーファンではありません。

Hello. I'm _____.

↑自分の名前を書こう！

I'm from _____.

↑出身地を書こう！　日本 = Japan

I'm a _____ fan.

↑何のスポーツのファンか書こう！

I'm not a _____ fan.

↑特にファンではないスポーツを書こう！

 好きな単語を選んで，▱ に入れてみよう！

soccer

baseball

tennis

volleyball

basketball

rugby

judo

swimming

This is 〜. / That is 〜.

覚えておこう！

This is 〜. （これは〜です。）
That is 〜. （あれは〜です。）

考え方

これは　　　リンゴ　　　です。

This　　is　　an apple.

短縮形
That is → That's

例

That is a school. （あれは学校です。）
This is Ms. Yamada. （こちらは山田先生です。）

ポイント

「これは〜です。」と近くの物や人について言うときは，This is 〜. で表します。「あれは〜です。」と遠くの物や人について言うときは，That is［That's］〜. で表します。

練習しよう！

1 次の英語の文をなぞって書きましょう。

(1)

This is my father.

(2)

This is a banana.

(3)

That is a lemon.

(4)

That's a library.

2 次の英語の語句を並べかえて正しい文を作り，┈┈ に書きましょう。

(1) これはオレンジです。

| is | an orange | This | . |

_____

_____

(2) あちらはスミス先生です。

| Mr. Smith | That | is | . |

_____

_____

3 例を見て，絵の人物の言葉を考えて ┈┈ に書きましょう。

（例）

This is a strawberry.

a strawberry

_____

_____

a peach

単語の まとめ

	apple		orange

	banana		strawberry

	lemon		peach

33

12 This is not ～. / That is not ～.

覚えておこう！

This is not ～. （これは～ではありません。）
That is not ～. （あれは～ではありません。）

考え方

This is an apple. （これはリンゴです。）◆p.32

This is not an apple. （これはリンゴではありません。）
└▶be動詞 is のあとに not を置きます。

例

That is not my brother. （あちらは私の兄[弟]ではありません。）

This isn't a ruler. （これは定規ではありません。）

短縮形
is not → isn't

ポイント

This is ～.（これは～です。）や That is ～.（あれは～です。）を否定文にするときは，be動詞 is のあとに not を置きます。

練習しよう！

1 次の英語の文をなぞって書きましょう。

(1)

This is not an orange.

(2)

This isn't a pencil.

(3)

That is not a book.

(4)

That isn't my teacher.

2 次の英語の語句を並べかえて正しい文を作り，　に書きましょう。

(1) これは消しゴムではありません。

| not | an eraser | This | is | . |

....

(2) あれは公園ではありません。

| not | is | a park | That | . |

....

3 例を見て，絵の人物の言葉を考えて　に書きましょう。

（例）

That is not a pen.

a pen

....

a notebook

単語の まとめ

ruler

eraser

pencil

pen

book

notebook

Is this ～? / Is that ～?

覚えておこう!

Is this ～?　(これは～ですか。)
Is that ～?　(あれは～ですか。)

—Yes, it is.　(はい, そうです。)

—No, it is not[it isn't].　(いいえ, ちがいます。)
└→ 主語を it にかえて答えます。

考え方

That is a school.　(あれは学校です。) ←p.32

Is that a school?　(あれは学校ですか。)
└→ is の最初の文字を大文字にして that の前に出します。

ポイント

「これ[あれ]は～ですか。」とたずねるときは, Is this[that] ～? で表します。答えるときは, 主語を it にかえて, 「はい」のときは Yes, it is., 「いいえ」のときは No, it is not[it isn't]. で答えます。

練習しよう!

1 次の英語の文をなぞって書きましょう。

(1)

Is this an eraser?

— Yes, it is.

(2)

Is that a bear?

— No, it isn't. It's a dog.

2 次の英語の語句を並べかえて正しい文を作り，⋯⋯ に書きましょう。

(1) これはねこですか。

| Is | a cat | this | ? |

⋯⋯⋯⋯⋯⋯⋯⋯⋯⋯⋯⋯⋯⋯⋯⋯⋯⋯⋯⋯⋯⋯⋯⋯⋯⋯⋯⋯⋯⋯⋯⋯⋯⋯⋯⋯

(2) (上の質問に答えて) いいえ，ちがいます。

| is | No, | not | it | . |

⋯⋯⋯⋯⋯⋯⋯⋯⋯⋯⋯⋯⋯⋯⋯⋯⋯⋯⋯⋯⋯⋯⋯⋯⋯⋯⋯⋯⋯⋯⋯⋯⋯⋯⋯⋯

3 例を見て，絵の人物の会話を考えて ⋯⋯ に書きましょう。

(例)

Is this a rabbit?　　　　　　　　Yes, it is.

a rabbit

a bird

単語の まとめ

bear

rabbit

dog

bird

cat

14 What is ～?

覚えておこう！

What is ～?　（～は何ですか。）

― It is[It's] ～.（それは～です。）

考え方

Is that a school?　（あれは 学校 ですか。）←p.36

What is that?　（あれは 何 ですか。）
↳ 文の始めに What を置きます。

― It is a school.　（それは 学校 です。）
↳ 主語を It にかえて答えます。

短縮形
What is → What's
It is → It's

ポイント

「～は何ですか。」とたずねるときは，「何」という意味の疑問詞 what を使って，What is ～? で表します。答えるときは，Yes や No を使わずに，It is[It's] ～. と具体的に答えます。

練習しよう！

1 次の英語の文をなぞって書きましょう。

(1)

What is this?

― It is a ball.

(2)

What's that?

― It's a clock.

2 次の英語の語句を並べかえて正しい文を作り，⋯⋯ に書きましょう。

(1) これは何ですか。

| this | What | is | ? |

⋯⋯⋯⋯⋯⋯⋯⋯⋯⋯⋯⋯⋯⋯⋯⋯⋯⋯⋯⋯⋯⋯⋯⋯⋯⋯⋯⋯⋯⋯⋯

(2)(上の質問に答えて)それはかさです。

| It | an umbrella | is | . |

⋯⋯⋯⋯⋯⋯⋯⋯⋯⋯⋯⋯⋯⋯⋯⋯⋯⋯⋯⋯⋯⋯⋯⋯⋯⋯⋯⋯⋯⋯⋯

3 例を見て，絵の人物の会話を考えて ⋯⋯ に書きましょう。

(例)

a picture

What is this?

It is a picture.

a racket

単語の まとめ

ball

picture

clock

racket

umbrella

39

15 I like ～. / We like ～.

覚えておこう!

I like ～. (私は～が好きです。)
We like ～. (私たちは～が好きです。)

考え方

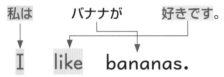

私は　　バナナが　　好きです。

I　like　bananas.

> you を主語にして, You have a book. (あなたは本を持っています。) と言うこともできるよ。

例

I have a book. (私は本を持っています。)

We play tennis. (私たちはテニスをします。)

ポイント

like (～が好きだ), have (～を持っている), play (スポーツなどをする, 演奏する) のような動作や状態を表す語を一般動詞と呼びます。「私は～します。」「私たちは～します。」と言うときは, 主語の I や We のあとに一般動詞を続けます。

練習しよう!

1 次の英語の文をなぞって書きましょう。

(1)
I play soccer.

(2)
I like English.

(3)
We like math.

(4)
We have a dog.

40

2 次の英語の語句を並べかえて正しい文を作り，══ に書きましょう。

(1) 私は国語が好きです。

| like | I | Japanese | . |

(2) 私たちはバスケットボールをします。

| basketball | We | play | . |

3 例を見て，絵の人物の言葉を考えて ══ に書きましょう。

（例）

We like music.

music

science

単語の まとめ

English

music

math

science

Japanese

41

16 They want 〜.

They want 〜. （かれらは〜がほしいです。）

考え方

かれらは　　　　新しいコンピュータが　　　　ほしいです。

They　　want　　a new computer.

例

They have a big dog. （かれらは大きな犬を飼っています。）

They play table tennis. （かれらは卓球をします。）

ポイント

want （〜がほしい）, have （〜を持っている）, play （スポーツなどをする, 演奏する）, like （〜が好きだ）のような動作や状態を表す一般動詞は, 主語が they （かれらは, かのじょらは）のあとにも続けて使います。

練習しよう!

1 次の英語の文をなぞって書きましょう。

(1)

They play baseball.

(2)

They want apples.

(3)

They like cats.

(4)

They have old books.

2 次の英語の語句を並べかえて正しい文を作り，＝＝＝ に書きましょう。

(1) かのじょらは大きなかばんがほしいです。

| want | They | big bags | . |

....
....
....

(2) かれらは古い時計を持っています。

| an old clock | They | have | . |

....
....
....

3 例を見て，絵の人物の内容を表す英語を考えて ＝＝＝ に書きましょう。

(例)

| They want new rackets. |

new rackets

....
....

new bikes

単語の まとめ

new

computer

big

bag

old

bike

I don't ～. / We don't ～.

覚えておこう！

I don't[do not] ～.　（私は～しません。）

We don't[do not] ～.　（私たちは～しません。）

考え方

I like bananas.　（私はバナナが好きです。）← p.40

I don't like bananas.　（私はバナナが好きではありません。）
└→ 一般動詞の前に don't を置きます。

例

I don't play the piano.　（私はピアノをひきません。）
└→〈play the ＋楽器名〉で「(楽器)を演奏する」という意味です。

We don't have umbrellas.　（私たちはかさを持っていません。）

短縮形
do not
→ don't

ポイント

I like ～. や We play ～. などの一般動詞の文を否定文にするときは，動詞の前に don't[do not] を置きます。「私は～しません。」は I don't[do not] ～. で表し，「私たちは～しません。」は We don't[do not] ～. で表します。

練習しよう！

1 次の英語の文をなぞって書きましょう。

(1)

I don't like cats.

(2)

I don't eat rice.

(3)

We don't have pencils.

(4)

We don't play the violin.

2 次の英語の語句を並べかえて正しい文を作り，⋯⋯ に書きましょう。

(1) 私はギターをひきません。

| the guitar | I | play | don't | . |

....

(2) 私たちは卵を食べません。

| don't | eggs | eat | We | . |

....

3 例を見て，絵の人物の言葉を考えて ⋯⋯ に書きましょう。

(例)

I don't have a computer.

a computer

....

a ball

単語の まとめ

	piano		eat
	violin		rice
	guitar		egg

18 Do you ～?

覚えておこう！

Do you ～?　（あなたは～しますか。）

―Yes, I do.　（はい，します。）

―No, I don't[do not].　（いいえ，しません。）

考え方

You have a book.　（あなたは本を持っています。）←p.40

Do you have a book?　（あなたは本を持っていますか。）
↳ Do を you の前に置きます。

They have a book.　（かれらは本を持っています。）

Do they have a book?　（かれらは本を持っていますか。）
↳ 主語が they の場合でも，疑問文は同じように作ります。

ポイント

「あなたは～しますか。」のような一般動詞の疑問文は，文の始めに Do を置き，Do you ～? で表します。答えるときは，do を使って Yes, I do. （はい，します。）または No, I don't. （いいえ，しません。）で答えます。

練習しよう！

1 次の英語の文をなぞって書きましょう。

(1)

Do you make breakfast?

― No, I don't.

(2)

Do they drink coffee?

― Yes, they do.

2 次の英語の語句を並べかえて正しい文を作り、 :::::: に書きましょう。

(1) かれらはテニスをしますか。

| play | they | Do | tennis | ? |

(2) （上の質問に答えて） いいえ、しません。

| don't | No, | they | . |

3 例を見て、絵の人物の会話を考えて :::::: に書きましょう。

（例）

Do you drink milk?

No, I don't.

drink milk

make lunch

単語の まとめ

make

coffee

breakfast

milk

drink

lunch

19 What do you ～?

覚えておこう!

What do you ～? （あなたは何を～しますか。）
What ... do you ～? （あなたは何の…を～しますか。）

考え方

Do you eat rice for breakfast? ← p.46
（あなたは朝食に ご飯 を食べますか。）

What do you eat for breakfast? （あなたは朝食に 何 を食べますか。）
└ 文の始めに What を置き，そのあとに一般動詞の疑問文の形を続けます。

— I eat rice. （私は ご飯 を食べます。）

What animal do you like? （あなたは 何の動物 が好きですか。）
└ 〈what＋名詞〉で「何の～」という意味です。

— I like lions. （私は ライオン が好きです。）

ポイント

「あなたは何を～しますか。」とたずねるときは，What do you ～? で表します。「あなたは何の…を～しますか。」とたずねるときは，What ... do you ～? で表します。答えるときは，Yes や No を使わずに具体的に答えます。

練習しよう!

1 次の英語の文をなぞって書きましょう。

(1)

What do you eat for lunch? — I eat bread.

(2)

What subject do you like?

— I like social studies.

2 次の英語の語句を並べかえて正しい文を作り，┄┄ に書きましょう。

(1) あなたは何を持っていますか。

| have | What | you | do | ? |

┄┄

(2) あなたは何のスポーツが好きですか。

| do | like | What sport | you | ? |

┄┄

3 例を見て，絵の人物の会話を考えて ┄┄ に書きましょう。

(例)

What do you play?

play / the piano

I play the piano.

┄┄┄┄┄┄┄┄┄┄┄┄┄┄┄┄┄┄┄┄┄┄┄┄┄┄┄┄

want / a bag

┄┄┄┄┄┄┄┄┄┄┄┄┄┄┄┄┄┄┄┄┄┄

単語の まとめ

	animal		subject
	lion		social studies
	bread		play the piano

20 My name is 〜.

My name is 〜.　(私の名前は〜です。)

考え方

私の 名前は　　りょうた　　です。

My name　　is　　Ryota.

↳「〜の」を表す語を名詞の前に置きます。

「〜の」を表す語	
my	「私の」
your	「あなた(たち)の」
his	「かれの」
her	「かのじょの」
our	「私たちの」
their	「かれらの」

例

This is his T-shirt.　（これは かれの T シャツです。）

Mr. Yamada is our teacher.　（山田先生は 私たちの 先生です。）

ポイント

「私の〜」や「あなたの〜」と言うときは，my や your などの「〜の」を表す語を使います。これらの語は，my book（私の本），your pen（あなたのペン）のように名詞の前に置きます。

練習しよう!

1 次の英語の文をなぞって書きましょう。

(1)

This is my friend.

(2)

Her hat is new.

(3)

I like their uniforms.

(4)

I don't know his name.

2 次の英語の語句を並べかえて正しい文を作り，┈┈ に書きましょう。

(1) かのじょのラケットは古いです。

| is | racket | old | Her | . |

┈┈┈┈┈┈┈┈┈┈┈┈┈┈┈┈┈┈┈┈┈┈┈┈┈┈┈┈┈┈┈┈┈┈┈┈┈┈┈

(2) 私はあなたのぼうしを持っています。

| have | cap | I | your | . |

┈┈┈┈┈┈┈┈┈┈┈┈┈┈┈┈┈┈┈┈┈┈┈┈┈┈┈┈┈┈┈┈┈┈┈┈┈┈┈

3 例を見て，絵の人物の言葉を考えて ┈┈ に書きましょう。

(例)

This is my sweater.

my sweater

our school

単語の まとめ

T-shirt

cap

hat

sweater

uniform

51

世界の朝ごはん

cornetto
コルネット

ful
フール

イタリアでは，朝ごはんにはあまいものを食べます。ジャムやチョコレートが入ったコルネットというパンが人気です。ビスケットなどもよく食べます。エスプレッソコーヒーにあわ立てたミルクを入れたカプチーノやジュースを飲みます。

エジプトで人気の朝ごはんは，フールという料理です。そら豆をにたものにタマネギなどの薬味と油をかけて食べます。中が空どうになっているアエーシというパンといっしょに食べる人が多いです。

menemen
メネメン

kasha
カーシャ

メネメンは，トルコで人気のトマトオムレツのような料理です。トマトやピーマン，タマネギなどのたっぷりの野菜と卵をいためます。トルコでは，時間のある休日は家族や友だちといっしょに時間をかけてごうかな朝ごはんを食べます。

カーシャはロシアの朝ごはんによく登場するメニューです。そばや小麦，お米などを牛乳でにた，おかゆのような料理です。日本のおかゆは塩で味付けしますが，カーシャは砂糖やはちみつ，練乳などを使ってあまい味にします。

●ソフィアが好きな朝ごはんについて話しています。ソフィアの発表を読んで，あなたの好きな朝ごはんについての文を完成させましょう。

Hi, I'm Sofia.
こんにちは，私はソフィアです。
I'm from Italy.
私はイタリア出身です。
I have cornetto and orange
私は朝食にコルネットとオレンジジュースを食べます。
juice for breakfast.
I like them.
私はそれらが好きです。

Hello. I'm _____.
↑自分の名前を書こう！
I have _____ and
↓↑朝ごはんに食べるものを書こう！
_____ for breakfast.
I like them.

好きな語(句)を選んで， ▒ に入れてみよう！

 rice
 bread
 cereal
 fruits

 miso soup
 fried eggs
 sausages
 grilled fish

21 Speak English. / Please ~. / ~, please.

Speak English. （英語を話しなさい。）
Please ~. / ~, please. （~してください。）

考え方

You speak English. （あなたは英語を話します。）

Speak English. （英語を話しなさい。）

↳ 動詞で文を始めます。文の始めの文字を大文字にします。

例 Open the door. （ドアを開けなさい。）

Please open the door. / Open the door, please.

（ドアを開けてください。） 文の最後に置くときは前にコンマ (,) を置きます。

ポイント

「~しなさい。」と相手に言う文を，命令文と呼びます。命令文は，主語を置かずに動詞で文を始めます。「~してください。」とていねいに言うときは，命令文の始めや終わりに please を置きます。

1 次の英語の文をなぞって書きましょう。

(1)

Eat breakfast.

(2)

Write your name.

(3)

Please close the book.

(4)

Read this *kanji*, please.

2 次の英語の語句を並べかえて正しい文を作り，┄┄ に書きましょう。

(1) あなたの本を開きなさい。

| book | your | Open | . |

┄┄┄┄┄┄┄┄┄┄┄┄┄┄┄┄┄┄┄┄┄┄┄┄┄┄┄┄┄┄┄┄┄┄┄┄

(2) ピアノをひいてください。

| play | Please | the piano | . |

┄┄┄┄┄┄┄┄┄┄┄┄┄┄┄┄┄┄┄┄┄┄┄┄┄┄┄┄┄┄┄┄┄┄┄┄

3 例を見て，絵の人物の言葉を考えて ┄┄ に書きましょう。

（例）

read / the book

Read the book.

close / the door

単語の まとめ

speak

write

open

close

door

read

22 Don't 〜.

覚えておこう!

Don't 〜. （〜してはいけません。）

考え方

Open the door. （ドアを開けなさい。）←p.54

Don't open the door. （ドアを開けてはいけません。）

└ 文の始めに Don't を置きます。

例

Don't run. （走ってはいけません。）

Don't play soccer here. （ここでサッカーをしてはいけません。）

ポイント

「〜してはいけません。」と禁止するときは，命令文の始めに Don't を置きます。
Don't のあとに動詞を続けます。

練習しよう!

1 次の英語の文をなぞって書きましょう。

(1)

Don't talk.

(2)

Don't eat here.

(3)

Don't use the computer.

(4)

Don't play baseball in the park.

2 次の英語の語句を並べかえて正しい文を作り，====== に書きましょう。

(1) ここで泳いではいけません。

| swim | Don't | here | . |

....

....

(2) テレビを見てはいけません。

| TV | watch | Don't | . |

....

....

3 例を見て，絵の内容を表す英語を考えて ====== に書きましょう。

（例）

Don't speak Japanese.

日本語✕

speak Japanese

....

....

use the balls

単語の まとめ

run

use

here

swim

talk

watch TV

Who is ～?

Who is ～?　（～はだれですか。）

考え方

Is he Mr. Brown ?　（かれはブラウン先生ですか。）←p.26

短縮形
Who is → Who's

Who is he?　（かれは だれ ですか。）
→ 文の始めに Who を置きます。

― He is Mr. Brown .　（かれは ブラウン先生 です。）

ポイント

「～はだれですか。」とたずねるときは，「だれ」という意味の疑問詞 who で文を始め，Who is ～? で表します。答えるときは，男性なら he，女性なら she を使って，He is ～.（かれは～です。），She is ～.（かのじょは～です。）のように名前などを答えます。

練習しよう!

1 次の英語の文をなぞって書きましょう。

(1)

Who is this boy?

― He is my brother.

(2)

Who's that girl?

― She is Emma.

2 次の英語の語句を並べかえて正しい文を作り，┈┈ に書きましょう。

(1) あの女性はだれですか。

| is | Who | that woman | ? |

┈┈┈┈┈┈┈┈┈┈┈┈┈┈┈┈┈┈┈┈┈┈┈┈┈┈┈┈┈┈┈┈┈┈┈┈┈┈┈
┈┈┈┈┈┈┈┈┈┈┈┈┈┈┈┈┈┈┈┈┈┈┈┈┈┈┈┈┈┈┈┈┈┈┈┈┈┈┈

(2) (上の質問に答えて) かのじょは私の母です。

| is | my mother | She | . |

┈┈┈┈┈┈┈┈┈┈┈┈┈┈┈┈┈┈┈┈┈┈┈┈┈┈┈┈┈┈┈┈┈┈┈┈┈┈┈
┈┈┈┈┈┈┈┈┈┈┈┈┈┈┈┈┈┈┈┈┈┈┈┈┈┈┈┈┈┈┈┈┈┈┈┈┈┈┈

3 例を見て，絵の内容と合う会話を考えて ┈┈ に書きましょう。

(例)

Who is this child?

He is Ryota.

this child / Ryota

┈┈┈┈┈┈┈┈┈┈┈┈┈┈┈┈┈┈┈┈┈┈┈┈┈┈┈┈┈┈┈┈┈┈┈┈┈┈┈
┈┈┈┈┈┈┈┈┈┈┈┈┈┈┈┈┈┈┈┈┈┈┈┈┈┈┈┈┈┈┈┈┈┈┈┈┈┈┈

┈┈┈┈┈┈┈┈┈┈┈┈┈┈┈┈┈┈┈┈┈┈┈┈┈┈┈┈┈┈┈┈┈┈┈┈┈┈┈
┈┈┈┈┈┈┈┈┈┈┈┈┈┈┈┈┈┈┈┈┈┈┈┈┈┈┈┈┈┈┈┈┈┈┈┈┈┈┈

that man / Mr. Mori

単語の まとめ

boy

child

girl

man

woman

59

Whose ～ is …?

覚えておこう！

Whose ～ is …? （…はだれの～ですか。）

考え方

Is this Aya's eraser ? （これは あやの消しゴム ですか。）← p.36

↓

Whose eraser is this? （これは だれの消しゴム ですか。）

↳ 文の始めに〈Whose ＋名詞〉を置きます。

— It is Aya's . （それは あやのもの です。）

↳ this を It にかえて答えます。

ポイント

「…はだれの～ですか。」とたずねるときは，「だれの」という意味の疑問詞 whose を使って，Whose ～ is …? で表します。答えるときは，主語を it にかえて，「それは～のものです。」と持ち主を答えます。名前や人を表す名詞のあとに〈's〉をつけると，「～のもの」という意味になります。

練習しよう！

1 次の英語の文をなぞって書きましょう。

(1)

Whose watch is this?

— It is Kenta's.

(2)

Whose car is that?

— It's my father's.

60

2 次の英語の語句を並べかえて正しい文を作り，............. に書きましょう。

(1) あれはだれのバットですか。

| is | that | Whose bat | ? |

(2)（上の質問に答えて）それは私の兄のものです。

| my brother's | It | is | . |

3 例を見て，絵の人物の会話を考えて............. に書きましょう。

（例）

Whose textbook is this?

It is Yuji's.

textbook / Yuji's

recorder / Mika's

単語の まとめ

watch

textbook

car

recorder

bat

覚えておこう!

Which ~ do you ...?
（あなたはどちらの[どの]～を…しますか。）

😺 考え方

Do you want the small bag ？ ← p.46
（あなたは その小さいかばん がほしいですか。）

Which bag do you want？ （あなたは どちらのかばん がほしいですか。）
└〈Which +名詞〉で文を始めます。

— I want the small one . （私は その小さいもの がほしいです。）
└one は前に出た名詞(bag)を指します。

🐕 ポイント

「どちらの[どの]～を…しますか。」とたずねるときは，「どちらの[どの]」という意味の疑問詞 which を使って，Which ～ do you …? で表します。答えるときは，Yes / No を使わずに具体的に答えます。one は「もの」という意味で，前に出た名詞のくり返しをさけるために使います。

練習しよう!

1 次の英語の文をなぞって書きましょう。

(1)

Which T-shirt do you like?

　— I like the large one.

(2)

Which computer do you use?

　— I use the old one.

2 次の英語の語句を並べかえて正しい文を作り，‥‥‥ に書きましょう。

(1) あなたはどちらの定規がほしいですか。

| you | Which ruler | want | do | ? |

(2) (上の質問に答えて) 私はその長いものがほしいです。

| want | the long one | I | . |

3 例を見て，絵の人物の会話を考えて ‥‥‥ に書きましょう。

（例）

Which car do you like?

car / like / small

I like the small one.

pencil / use / short

単語の まとめ

small

large

old

new

short

long

26 Where is 〜?

覚えておこう!

Where is 〜? （〜はどこですか。）

考え方

Is the book on the desk? （その本は つくえの上に ありますか。）

Where is the book? （その本は どこに ありますか。）
↳ 文の始めに Where を置きます。

— It is on the desk. （それは つくえの上に あります。）
↳ the book を It にかえて答えます。

場所を表す語	
on	「〜の上に」
under	「〜の下に」
in	「〜の中に」
by	「〜のそばに」

ポイント

「〜はどこにありますか。」とたずねるときは、「どこ」という意味の疑問詞 where を使って、Where is 〜? で表します。答えるときは、on「〜の上に」, in「〜の中に」などの場所を表す語を使って具体的に答えます。

練習しよう!

1 次の英語の文をなぞって書きましょう。

(1)

Where is the pen?

— It is in the box.

(2)

Where is my racket?

— It's by the bed.

64

2 次の英語の語句を並べかえて正しい文を作り，══ に書きましょう。

(1) あなたのかばんはどこにありますか。

| is | your bag | Where | ? |

....
....
....

(2)（上の質問に答えて）それはテーブルの下にあります。

| the table | It | under | is | . |

....
....
....

3 例を見て，絵の人物の会話を考えて ══ に書きましょう。

（例）

| Where is the cat? |

the cat / on the sofa

It is on the sofa.

....

the ball / under the chair

....
....

単語の まとめ

desk

table

box

sofa

bed

chair

27 I can ～.

覚えておこう!

I can ～. （私は～することができます。）

考え方

私は	おどる	ことができます。
↓		
I	can	dance.

↳ 動詞の前に can を置きます。

can の文でよく使う語	
fast	「速く」
well	「じょうずに」
high	「高く」

例

I can swim fast. （私は速く泳ぐことができます。）

I can sing well. （私はじょうずに歌うことができます。）

ポイント

「～することができます。」と言うときは，動詞の前に can を置きます。fast「速く」，well「じょうずに」，high「高く」などの動作を説明する語は，文の最後に置きます。

練習しよう!

1 次の英語の文をなぞって書きましょう。

(1)

I can ski.

(2)

I can jump.

(3)

I can run fast.

(4)

I can skate well.

2 次の英語の語句を並べかえて正しい文を作り， ⁝ に書きましょう。

(1) 私は料理をすることができます。

| cook | I | can | . |

(2) 私は上手に泳ぐことができます。

| can | swim well | I | . |

3 例を見て，絵の人物の言葉を考えて ⁝ に書きましょう。

(例)

I can jump high.

jump high

dance well

単語の まとめ

dance

jump

sing

skate

ski

cook

28 He can't ~. / She can't ~.

覚えておこう！

He can't[cannot] ～. （かれは～することができません。）

She can't[cannot] ～. （かのじょは～することができません。）

考え方

He can dance. （かれはおどることができます。） ←p.66

短縮形
cannot → can't

He can't[cannot] dance. （かれはおどることができません。）
└→ 動詞の前に can't[cannot] を置きます。

例

She can't play tennis. （かのじょはテニスをすることができません。）

He cannot drive a car. （かれは車を運転することができません。）

ポイント

「～することができません。」と言うときは，動詞の前に can't[cannot] を置きます。

練習しよう！

1 次の英語の文をなぞって書きましょう。

(1)

He can't drink coffee.

(2)

She can't ride a bike.

(3)

He can't draw a picture well.

(4)

She can't play the piano well.

2 次の英語の語句を並べかえて正しい文を作り，⋯⋯ に書きましょう。

(1) かれはボールをとることができません。

| can't | catch a ball | He | . |

⋯⋯⋯⋯⋯⋯⋯⋯⋯⋯⋯⋯⋯⋯⋯⋯⋯⋯⋯⋯⋯⋯⋯⋯⋯⋯⋯

(2) かのじょは上手に英語を話すことができません。

| speak English | She | well | can't | . |

⋯⋯⋯⋯⋯⋯⋯⋯⋯⋯⋯⋯⋯⋯⋯⋯⋯⋯⋯⋯⋯⋯⋯⋯⋯⋯⋯

3 例を見て，絵の人物の内容を表す英語を考えて ⋯⋯ に書きましょう。

（例）

He can't buy the cap.

buy the cap

⋯⋯⋯⋯⋯⋯⋯⋯⋯⋯⋯⋯⋯⋯⋯⋯⋯⋯⋯⋯⋯⋯⋯⋯⋯⋯⋯

touch a dog

単語の まとめ

drive

catch

ride

buy

draw

touch

69

Can you ～?

Can you ～? （あなたは～することができますか。）

—Yes, I can. （はい, できます。）

—No, I can't. （いいえ, できません。）

考え方

You can swim fast. （あなたは速く泳ぐことができます。）←p.66

Can you swim fast? （あなたは速く泳ぐことができますか。）

ポイント

「あなたは～することができますか。」とたずねるときは, 文の最初に can を置き Can you ～? で表します。 答えるときは, can を使って Yes, I can. (はい, 私はできます。) または No, I can't. (いいえ, 私はできません。) で答えます。

練習しよう!

1 次の英語の文をなぞって書きましょう。

(1)

Can you play the guitar?

— Yes, I can. I can play the guitar.

(2)

Can he play soccer well?

— No, he can't. He can't play soccer.

2 次の英語の語句を並べかえて正しい文を作り、............ に書きましょう。

(1) あなたは上手に絵をかくことができますか。

| you | draw pictures well | Can | ? |

....

....

(2) いいえ、できません。

| can't | I | No, | . |

....

....

3 例を見て、絵の人物の会話を考えて .... に書きましょう。

（例）

Can you fly?

fly

No, I can't.

cook

単語の まとめ

swim

draw pictures

play the guitar

fly

play soccer

cook

71

I am good at 〜.

覚えておこう!

I am good at 〜. (私は〜が得意です。)

考え方

私は　　　　サッカー　　　　が得意 です。

I　am good at　soccer.

↳ 主語に合わせた be 動詞を使います。

例

He is good at judo. (かれは柔道が得意です。)

I'm good at singing. (私は歌うことが得意です。)

ポイント

「私は〜が得意です。」と言うときは，I am good at 〜. で表します。主語が I 以外のときは，主語によって be 動詞を使い分けます。at のあとに，得意なことを表す語を続けます。

練習しよう!

1 次の英語の文をなぞって書きましょう。

(1)

I am good at baseball.

(2)

I'm good at cooking.

(3)

He is good at skiing.

(4)

She is good at kendo.

2 次の英語の語句を並べかえて正しい文を作り，_____ に書きましょう。

(1) 私は卓球が得意です。

| am | table tennis | I | at | good | . |

_____

(2) かのじょはおどることが得意です。

| good | is | at | dancing | She | . |

_____

3 例を見て，絵の人物の言葉を考えて _____ に書きましょう。

（例）

I am good at skating.

skating

_____

swimming

単語のまとめ

singing

dancing

cooking

skating

skiing

swimming

世界のお祭り

Songkran
ソンクラーン

タイで毎年4月に行われるお祭りで、もともとは仏像や仏塔、目上の人の手に水をかけてお清めをする行事でした。近年はそれが転じて、街で水をかけ合って楽しむ「水かけ祭り」としても知られています。

Inti Raymi
インティ・ライミ

毎年6月24日にペルーのクスコという都市で行われる伝統的なお祭りです。その年の収かくに感謝を示し、翌年の豊作を願い、太陽の神様（インティ）にいのります。

La Tomatina
トマト祭り

毎年8月にスペインのブニョールという町で行われるお祭りです。大量のトマトを投げつけ合うので、町じゅうが真っ赤にそまります。

Fantasia
ファンタジア

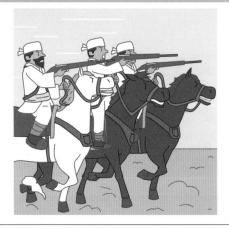

モロッコで行われる伝統行事です。民族衣装を着た騎士たちが、馬にまたがり伝統的な騎馬芸をひろうします。

●ウィティアットが自分の国のお祭りについて話しています。ウィティアットの発表を読んで、あなたの国のお祭りについての文を完成させましょう。

I'm from Thailand.
私はタイ出身です。
In April, we have
4月には、ソンクラーンがあります。
Songkran.
You can splash water
おたがいに水をかけ合うことができます。
over each other.

I'm from Japan.

In ＿＿＿＿＿＿＿＿＿ , we have
↑ p.76 を見ながら、季節や月を書こう！

＿＿＿＿＿＿＿＿＿ .
↑下から選んで行事を書こう！

You can ＿＿＿＿＿＿＿＿＿ .
↑下から選んでできることを書こう！

好きな語（句）を選んで、 に入れてみよう！

行事				
	hanami	Star Festival	*tsukimi*	*setsubun*
できること				
	see cherry blossoms	make wishes	enjoy delicious *dango*	throw beans

曜日・月・季節の単語

曜日

月曜日	Monday	火曜日	Tuesday
水曜日	Wednesday	木曜日	Thursday
金曜日	Friday	土曜日	Saturday
日曜日	Sunday		

月

1月	January	2月	February
3月	March	4月	April
5月	May	6月	June
7月	July	8月	August
9月	September	10月	October
11月	November	12月	December

季節

春	spring	夏	summer
秋	fall	冬	winter

Monday   Tuesday

Wednesday   Thursday

Friday   Saturday   Sunday

月

January   February   March

April   May   June

July   August   September

October   November   December

季節

spring   summer

fall   winter

この本で学んだ英語を，自由に書いて練習しましょう。

初版
第 1 刷　2020 年 5 月 1 日　発行

● 編　者
　　数研出版編集部
● カバー・表紙デザイン
　　株式会社ブックウォール

発行者　星野　泰也

ISBN978-4-410-15353-2

読む力・書く力を育てる　英語のきほん30

発行所　**数研出版株式会社**

本書の一部または全部を許可なく
複写・複製することおよび本書の
解説・解答書を無断で作成するこ
とを禁じます。

〒101-0052 東京都千代田区神田小川町 2 丁目 3 番地 3
　　　　　　　〔振替〕00140-4-118431
〒604-0861 京都市中京区烏丸通竹屋町上る大倉町205番地
〔電話〕代表 (075)231-0161
ホームページ　https://www.chart.co.jp
印刷　河北印刷株式会社
　　　乱丁本・落丁本はお取り替えいたします　200301

読む力 書く力 を育てる

数研出版編集部 編

英語のきほん 30

This is~　I can~

Are they~?　My name is~

別冊解答

We are~　What do you~?

I am good at~　I am~

数研出版
https://www.chart.co.jp

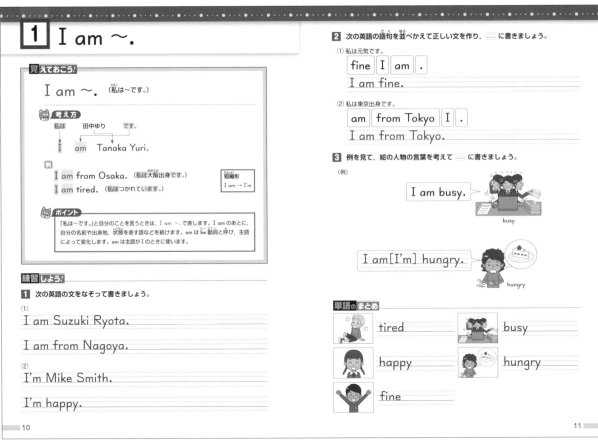

1 I am ～.

覚えておこう!

I am ～. (私は～です。)

考え方

私は		田中ゆり		です。
I	am	Tanaka Yuri.		

例

I am from Osaka. (私は大阪出身です。)
I am tired. (私はつかれています。)

短縮形
I am → I'm

ポイント

「私は～です。」と自分のことを言うときは、I am ～. で表します。I am のあとに、自分の名前や出身地、状態を表す語などを続けます。am は be動詞と呼び、主語によって変化します。am は主語が I のときに使います。

練習しよう!

1 次の英語の文をなぞって書きましょう。

(1)
I am Suzuki Ryota.

I am from Nagoya.

(2)
I'm Mike Smith.

I'm happy.

2 次の英語の語句を並べかえて正しい文を作り、 に書きましょう。

(1) 私は元気です。
| fine | I | am | . |

I am fine.

(2) 私は東京出身です。
| am | from Tokyo | I | . |

I am from Tokyo.

3 例を見て、絵の人物の言葉を考えて に書きましょう。

(例)

I am busy.

busy

I am[I'm] hungry.

hungry

単語のまとめ

tired
busy
happy
hungry
fine

10

11

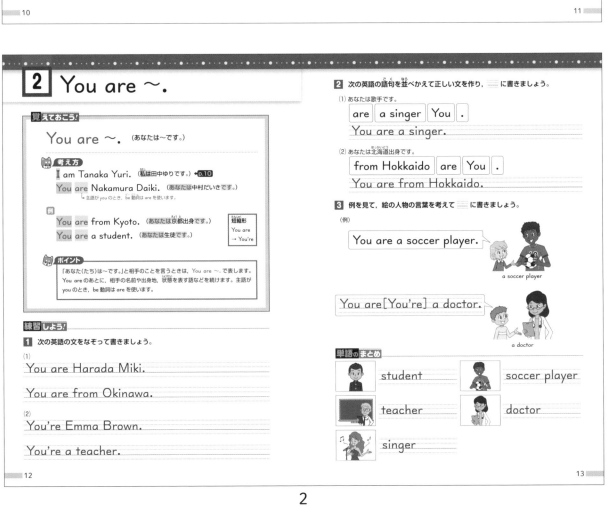

2 You are ～.

覚えておこう!

You are ～. (あなたは～です。)

考え方

I am Tanaka Yuri. (私は田中ゆりです。) ←p.10
You are Nakamura Daiki. (あなたは中村だいきです。)
主語が you のとき、be動詞は are を使います。

例

You are from Kyoto. (あなたは京都出身です。)
You are a student. (あなたは生徒です。)

短縮形
You are
→ You're

ポイント

「あなた(たち)は～です。」と相手のことを言うときは、You are ～. で表します。You are のあとに、相手の名前や出身地、状態を表す語などを続けます。主語が you のとき、be動詞は are を使います。

練習しよう!

1 次の英語の文をなぞって書きましょう。

(1)
You are Harada Miki.

You are from Okinawa.

(2)
You're Emma Brown.

You're a teacher.

2 次の英語の語句を並べかえて正しい文を作り、 に書きましょう。

(1) あなたは歌手です。
| are | a singer | You | . |

You are a singer.

(2) あなたは北海道出身です。
| from Hokkaido | are | You | . |

You are from Hokkaido.

3 例を見て、絵の人物の言葉を考えて に書きましょう。

(例)

You are a soccer player.

a soccer player

You are[You're] a doctor.

a doctor

単語のまとめ

student
soccer player
teacher
doctor
singer

12

13

2

③ He is ～. / She is ～.

覚えておこう！

He is ～. （かれは～です。）
She is ～. （かのじょは～です。）

考え方

I am from Osaka. （私は大阪出身です。）→p.10
He is from Osaka. （かれは大阪出身です。）
└ 主語が he や she のとき，be 動詞は is を使います。

例
He is a teacher. （かれは教師です。）
She is my sister. （かのじょは私の姉[妹]です。）

短縮形
He is → He's
She is → She's

ポイント

「かれ[かのじょ]は～です。」と言うときは，He is ～. / She is ～. で表します。主語が男性のときは he（かれは），女性のときは she（かのじょは）を使います。is も am や are と同じ be 動詞で，主語が he や she などのときに使います。

練習しよう！

1 次の英語の文をなぞって書きましょう。

(1)
He is Tom.

He's my father.

(2)
She is my mother.

She's a doctor.

2 次の英語の語句を並べかえて正しい文を作り，＿＿に書きましょう。

(1) かれは千葉出身です。

| is | He | from Chiba | . |

He is from Chiba.

(2) かのじょは私の祖母です。

| my grandmother | is | She | . |

She is my grandmother.

3 例を見て，絵の人物の言葉を考えて＿＿に書きましょう。

(例)

He is my grandfather.

my grandfather

He is[He's] my brother.

my brother

単語のまとめ

grandfather 　　 grandmother

father 　　 mother

brother 　　 sister

---

④ We are ～. / They are ～.

覚えておこう！

We are ～. （私たちは～です。）
They are ～. （かれらは～です。）

考え方

I am from Osaka. （私は大阪出身です。）→p.10
We are from Osaka. （私たちは大阪出身です。）
└ 主語が we や they のとき，be 動詞は are を使います。

例
We are fine. （私たちは元気です。）
They are my sons. （かれらは私のむすこです。）

短縮形
We are → We're
They are → They're

ポイント

「私たちは～です。」と言うときは We are ～.，「かれら[かのじょら]は～です。」と言うときは They are ～. で表します。主語が we（私たちは）や they（かれらは）のように 2 人以上（複数）のとき，be 動詞は are を使います。

練習しよう！

1 次の英語の文をなぞって書きましょう。

(1)
We are tired.

(2)
We're musicians.

(3)
They are farmers.

(4)
They're my daughters.

2 次の英語の語句を並べかえて正しい文を作り，＿＿に書きましょう。

(1) 私たちは警察官です。

| police officers | are | We | . |

We are police officers.

(2) かれらは私の両親です。

| are | They | my parents | . |

They are my parents.

3 例を見て，絵の人物の言葉を考えて＿＿に書きましょう。

(例)

We are hungry.

hungry

We are[We're] busy.

busy

単語のまとめ

musician 　　 son

farmer 　　 daughter

police officer 　　 parents

14

15

16

17

3

5 | I am not ～. / You are not ～.

覚えておこう!

I am not ～. (私は～ではありません。)
You are not ～. (あなたは～ではありません。)

考え方

I am from Osaka. (私は大阪出身です。) → p.10
I am not from Osaka. (私は大阪出身ではありません。)
└ be 動詞 am のあとに not を置きます。

例

I am not a pilot. (私はパイロットではありません。)
You are not sick. (あなたは病気ではありません。)

短縮形
are not → aren't

ポイント

I am ～. (私は～です。)や You are ～. (あなたは～です。)を「～ではありません。」
と否定する文にするときは、be 動詞の am や are のあとに not を置きます。この
ような文を、否定文と呼びます。

練習しよう!

1 次の英語の文をなぞって書きましょう。

(1) I am not sleepy.

(2) I'm not from Tokyo.

(3) You are not Aya.

(4) You aren't soccer players.

18

2 次の英語の語句を並べかえて正しい文を作り、＿＿に書きましょう。

(1) 私はのどがかわいていません。

I | thirsty | not | am | .
I am not thirsty.

(2) あなたは消防士ではありません。

a fire fighter | not | You | are | .
You are not a fire fighter.

3 例を見て、絵の人物の言葉を考えて＿＿に書きましょう。

(例)

I am not Kenta.
Kenta

I am[I'm] not a scientist.
a scientist

単語のまとめ

	pilot		sick
	fire fighter		sleepy
	scientist		thirsty

19

---

6 | He is not ～. / She is not ～.

覚えておこう!

He is not ～. (かれは～ではありません。)
She is not ～. (かのじょは～ではありません。)

考え方

She is my sister. (かのじょは私の姉[妹]です。) → p.14
She is not my sister. (かのじょは私の姉[妹]ではありません。)
└ be 動詞のあとに not を置きます。

例

He is not in the park. (かれは公園にはいません。)
She is not a doctor. (かのじょは医者ではありません。)

短縮形
is not
→ isn't

ポイント

He is ～. (かれは～です。)や She is ～. (かのじょは～です。)を否定文にすると
きは、be 動詞 is のあとに not を置きます。

練習しよう!

1 次の英語の文をなぞって書きましょう。

(1) He is not at school.

(2) He isn't my brother.

(3) She is not Jane.

(4) She isn't in the museum.

20

2 次の英語の語句を並べかえて正しい文を作り、＿＿に書きましょう。

(1) かのじょはいそがしくありません。

is | busy | She | not | .
She is not busy.

(2) かれは図書館にはいません。

not | He | in the library | is | .
He is not in the library.

3 例を見て、絵の人物の言葉を考えて＿＿に書きましょう。

(例)

She is not at the station.
at the station

She is not[isn't] in the zoo.
in the zoo

単語のまとめ

	park		library
	school		station
	museum		zoo

21

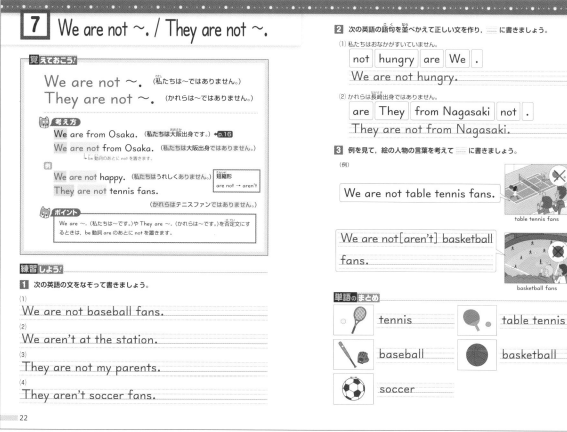

7 We are not ~. / They are not ~.

覚えておこう!

We are not ~. （私たちは〜ではありません。）
They are not ~. （かれらは〜ではありません。）

考え方

We are from Osaka. （私たちは大阪出身です。）→p.16
We are not from Osaka. （私たちは大阪出身ではありません。）
└be 動詞のあとに not を置きます。

例

We are not happy. （私たちはうれしくありません。）
They are not tennis fans.
（かれらはテニスファンではありません。）

短縮形
are not → aren't

ポイント

We are ~. (私たちは〜です。)や They are ~. (かれらは〜です。)を否定文にするときは、be 動詞 are のあとに not を置きます。

練習しよう!

1 次の英語の文をなぞって書きましょう。

(1)
We are not baseball fans.
(2)
We aren't at the station.
(3)
They are not my parents.
(4)
They aren't soccer fans.

2 次の英語の語句を並べかえて正しい文を作り、＿＿に書きましょう。

(1) 私たちはおなかがすいていません。

| not | hungry | are | We | . |

We are not hungry.

(2) かれらは長崎出身ではありません。

| are | They | from Nagasaki | not | . |

They are not from Nagasaki.

3 例を見て、絵の人物の言葉を考えて＿＿に書きましょう。

(例)

We are not table tennis fans.

table tennis fans

We are not[aren't] basketball fans.

basketball fans

単語のまとめ

	tennis		table tennis
	baseball		basketball
	soccer		

22

23

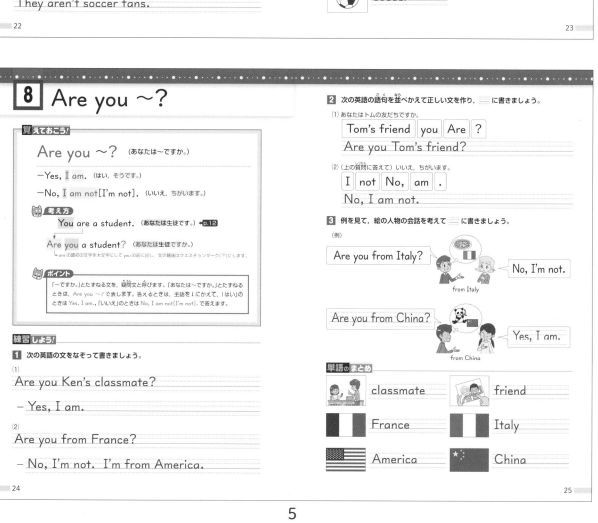

8 Are you ~?

覚えておこう!

Are you ~? （あなたは〜ですか。）

—Yes, I am. （はい、そうです。）

—No, I am not[I'm not]. （いいえ、ちがいます。）

考え方

You are a student. （あなたは生徒です。）→p.12

Are you a student? （あなたは生徒ですか。）
└are の最初の文字を大文字にして you の前に出し、文の最後はクエスチョンマーク(?)にします。

ポイント

「〜ですか。」とたずねる文を、疑問文と呼びます。「あなたは〜ですか。」とたずねるときは、Are you ~? で表します。答えるときは、主語を I にかえて、「はい」のときは Yes, I am.、「いいえ」のときは No, I am not[I'm not]. で答えます。

練習しよう!

1 次の英語の文をなぞって書きましょう。

(1)
Are you Ken's classmate?

– Yes, I am.

(2)
Are you from France?

– No, I'm not. I'm from America.

2 次の英語の語句を並べかえて正しい文を作り、＿＿に書きましょう。

(1) あなたはトムの友だちですか。

| Tom's friend | you | Are | ? |

Are you Tom's friend?

(2) (上の質問に答えて) いいえ、ちがいます。

| I | not | No | am | . |

No, I am not.

3 例を見て、絵の人物の会話を考えて＿＿に書きましょう。

(例)

Are you from Italy?

from Italy

No, I'm not.

Are you from China?

from China

Yes, I am.

単語のまとめ

	classmate		friend
	France		Italy
	America		China

24

25

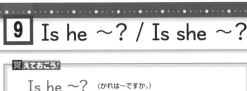

9 Is he ～？/ Is she ～？

覚えておこう！

Is he ～？ （かれは～ですか。）
Is she ～？ （かのじょは～ですか。）

—Yes, he is. （はい、そうです。）
—No, he is not[isn't]. （いいえ、ちがいます。）

考え方

He is a teacher. （かれは教師です。）→p.14

Is he a teacher? （かれは教師ですか。）
└ is の最初の文字を大文字にして he の前に出します。

ポイント

「かれ[かのじょ]は～ですか。」とたずねるときは、Is he ～？ / Is she ～？ で表します。答えるときは、質問の主語に合わせて、Is he ～？には Yes, he is. または No, he is not[isn't]、Is she ～？には Yes, she is. または No, she is not[isn't]. で答えます。

練習しよう！

1 次の英語の文をなぞって書きましょう。

(1)
Is she famous?

— Yes, she is.

(2)
Is he young?

— No, he isn't. He is old.

26

2 次の英語の語句を並べかえて正しい文を作り、＿＿ に書きましょう。

(1) かのじょは親切ですか。

kind | Is | she | ?

Is she kind?

(2) (上の質問に答えて) はい、親切です。

she | Yes, | is | .

Yes, she is.

3 例を見て、絵の人物の会話を考えて ＿＿ に書きましょう。

(例)

Is she popular?

Yes, she is.

popular

Is he Mr. Davis?

No, he is not [isn't].

Mr. Davis

単語のまとめ

	famous		popular
	young		kind
	old		

27

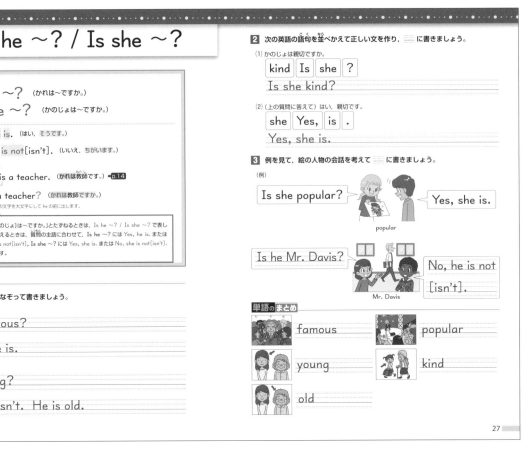

10 Are they ～？

覚えておこう！

Are they ～？ （かれらは～ですか。）

—Yes, they are. （はい、そうです。）
—No, they are not[aren't]. （いいえ、ちがいます。）

考え方

They are my sons. （かれらは私のむすこです。）→p.16

Are they your sons? （かれらはあなたのむすこですか。）
└ are の最初の文字を大文字にして they の前に出します。

ポイント

「かれらは～ですか。」とたずねるときは、Are they ～？ で表します。答えるときは、「はい」のときは Yes, they are.、「いいえ」のときは No, they are not[aren't]. で答えます。

練習しよう！

1 次の英語の文をなぞって書きましょう。

(1)
Are they your friends?

— Yes, they are.

(2)
Are they baseball players?

— No, they aren't.

28

2 次の英語の語句を並べかえて正しい文を作り、＿＿ に書きましょう。

(1) かれらはつかれていますか。

they | Are | tired | ?

Are they tired?

(2) (上の質問に答えて) いいえ、つかれていません。

aren't | they | No, | .

No, they aren't.

3 例を見て、絵の人物の会話を考えて ＿＿ に書きましょう。

(例)

in the park

Are they in the park?

No, they aren't.

Are they from America?

from America | Yes, they are.

単語のまとめ

	son		tired
	friends		park
	baseball player		America

29

6

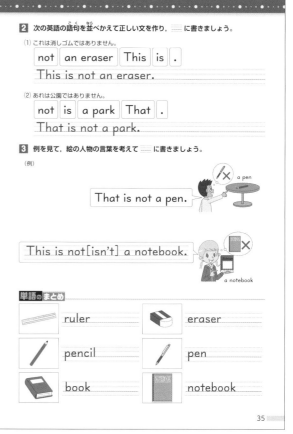

7

13 Is this 〜? / Is that 〜?

覚えておこう!

Is this 〜? （これは〜ですか。）
Is that 〜? （あれは〜ですか。）

—Yes, it is. （はい, そうです。）
—No, it is not[it isn't]. （いいえ, ちがいます。）
　└ 主語を it にかえて答えます。

考え方

That is a school. （あれは学校です。）→p.32

Is that a school? （あれは学校ですか。）
└ is の最初の文字を大文字にして that の前に出します。

ポイント

「これ[あれ]は〜ですか。」とたずねるときは, Is this[that] 〜? で表します。答えるときは, 主語を it にかえて, 「はい」のときは Yes, it is., 「いいえ」のときは No, it is not[it isn't]. で答えます。

練習しよう!

1 次の英語の文をなぞって書きましょう。

(1)
Is this an eraser?

— Yes, it is.

(2)
Is that a bear?

— No, it isn't. It's a dog.

2 次の英語の語句を並べかえて正しい文を作り, ＿＿に書きましょう。

(1) これはねこですか。

| Is | a cat | this | ? |

Is this a cat?

(2) （上の質問に答えて）いいえ, ちがいます。

| is | No, | not | it | . |

No, it is not.

3 例を見て, 絵の人物の会話を考えて ＿＿ に書きましょう。

(例)

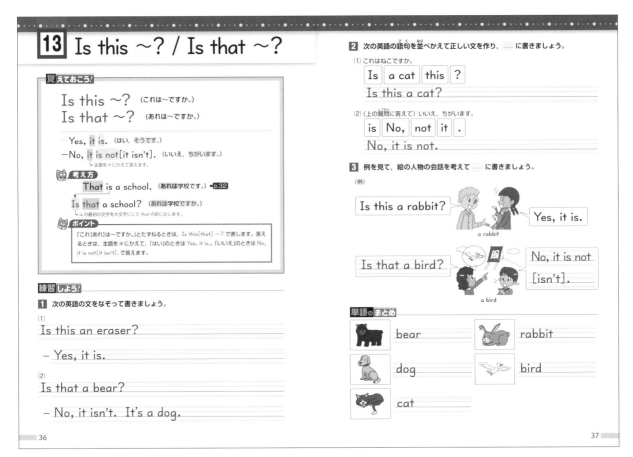

Is this a rabbit?　　Yes, it is.
a rabbit

Is that a bird?　　No, it is not [isn't].
a bird

単語のまとめ

bear　　rabbit

dog　　bird

cat

36　37

14 What is 〜?

覚えておこう!

What is 〜? （〜は何ですか。）

— It is[It's] 〜. （それは〜です。）

考え方

Is that a school ? （あれは学校ですか。）→p.36

What is that? （あれは何ですか。）
└ 文の始めに What を置きます。

— It is a school . （それは学校です。）
└ 主語を It にかえて答えます。

短縮形
What is → What's
It is → It's

ポイント

「〜は何ですか。」とたずねるときは,「何」という意味の疑問詞 what を使って, What is 〜? で表します。答えるときは, Yes や No を使わずに, It is[It's] 〜. と具体的に答えます。

練習しよう!

1 次の英語の文をなぞって書きましょう。

(1)
What is this?

— It is a ball.

(2)
What's that?

— It's a clock.

2 次の英語の語句を並べかえて正しい文を作り, ＿＿に書きましょう。

(1) これは何ですか。

| this | What | is | ? |

What is this?

(2) （上の質問に答えて）それはかさです。

| It | an umbrella | is | . |

It is an umbrella.

3 例を見て, 絵の人物の会話を考えて ＿＿ に書きましょう。

(例)

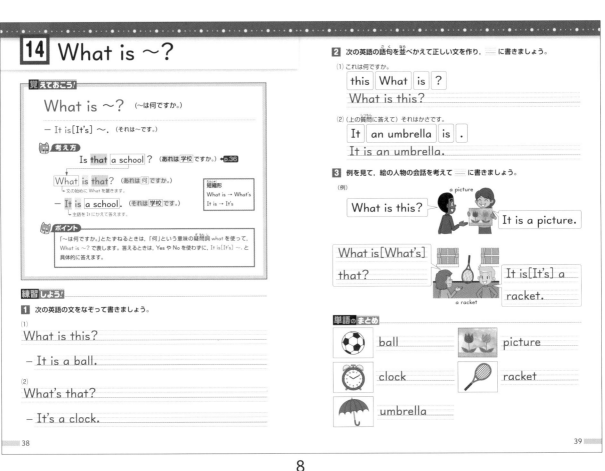

What is this?　　a picture　　It is a picture.

What is[What's] that?　　It is[It's] a racket.
a racket

単語のまとめ

ball　　picture

clock　　racket

umbrella

38　39

8

15 I like 〜. / We like 〜.

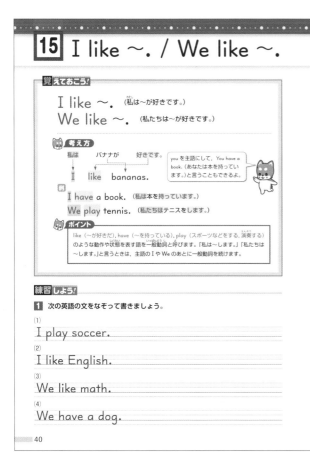

覚えておこう!

I like 〜. (私は〜が好きです。)
We like 〜. (私たちは〜が好きです。)

考え方

私は　　バナナが　　好きです。
I　　like　　bananas.

you を主語にして，You have a book. (あなたは本を持っています。)と言うこともできるよ。

例

I have a book. (私は本を持っています。)
We play tennis. (私たちはテニスをします。)

ポイント

like (〜が好きだ), have (〜を持っている), play (スポーツなどをする, 演奏する) のような動作や状態を表す語を一般動詞と呼びます。「私は〜します。」「私たちは〜します。」と言うときは, 主語の I や We のあとに一般動詞を続けます。

練習しよう!

1 次の英語の文をなぞって書きましょう。

(1)
I play soccer.

(2)
I like English.

(3)
We like math.

(4)
We have a dog.

2 次の英語の語句を並べかえて正しい文を作り, ___ に書きましょう。

(1) 私は国語が好きです。

| like | I | Japanese | . |

I like Japanese.

(2) 私たちはバスケットボールをします。

| basketball | We | play | . |

We play basketball.

3 例を見て, 絵の人物の言葉を考えて ___ に書きましょう。

(例)

We like music.

music

I like science.

science

単語のまとめ

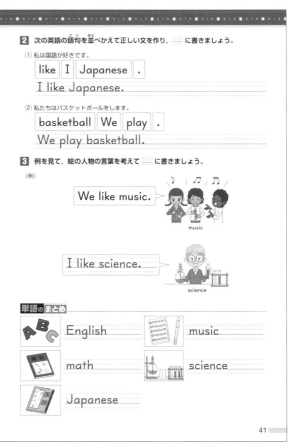

English　　music
math　　science
Japanese

16 They want 〜.

覚えておこう!

They want 〜. (かれらは〜がほしいです。)

考え方

かれらは　新しいコンピュータが　ほしいです。
They　want　a new computer.

例

They have a big dog. (かれらは大きな犬を飼っています。)
They play table tennis. (かれらは卓球をします。)

ポイント

want (〜がほしい), have (〜を持っている), play (スポーツなどをする, 演奏する), like (〜が好きだ)のような動作や状態を表す一般動詞は, 主語が They (かれらは, かのじょらは)のあとにも続けて使います。

練習しよう!

1 次の英語の文をなぞって書きましょう。

(1)
They play baseball.

(2)
They want apples.

(3)
They like cats.

(4)
They have old books.

2 次の英語の語句を並べかえて正しい文を作り, ___ に書きましょう。

(1) かのじょらは大きなかばんがほしいです。

| want | They | big bags | . |

They want big bags.

(2) かれらは古い時計を持っています。

| an old clock | They | have | . |

They have an old clock.

3 例を見て, 絵の人物の内容を表す英語を考えて ___ に書きましょう。

(例)

They want new rackets.

new rackets

They want new bikes.

new bikes

単語のまとめ

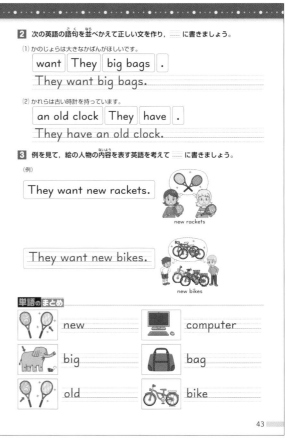

new　　computer
big　　bag
old　　bike

17 I don't ～. / We don't ～.

覚えておこう!

I don't[do not] ～. （私は～しません。）
We don't[do not] ～. （私たちは～しません。）

考え方

I like bananas. （私はバナナが好きです。）→p.40
I don't like bananas. （私はバナナが好きではありません。）
　　　└一般動詞の前にdon'tを置きます。
例 I don't play the piano. （私はピアノをひきません。）
　　└play the＋楽器名で「(楽器)を演奏する」という意味です。
We don't have umbrellas. （私たちはかさを持っていません。）

短縮形
do not
→ don't

ポイント

I like ～.や We play ～.などの一般動詞の文を否定文にするときは、動詞の前にdon't[do not]を置きます。「私は～しません。」は I don't[do not] ～. で表し、「私たちは～しません。」は We don't[do not] ～. で表します。

練習しよう!

1 次の英語の文をなぞって書きましょう。

(1)
I don't like cats.
(2)
I don't eat rice.
(3)
We don't have pencils.
(4)
We don't play the violin.

2 次の英語の語句を並べかえて正しい文を作り、＝に書きましょう。

(1) 私はギターをひきません。
[the guitar] [I] [play] [don't] [.]
I don't play the guitar.

(2) 私たちは卵を食べません。
[don't] [eggs] [eat] [We] [.]
We don't eat eggs.

3 例を見て、絵の人物の言葉を考えて＝に書きましょう。

(例)
I don't have a computer.
a computer

We don't[do not] have a ball.
a ball

単語のまとめ

piano		eat	
violin		rice	
guitar		egg	

44　　　45

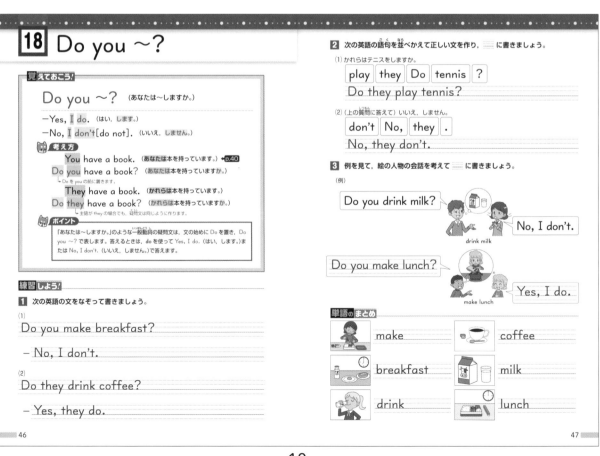

18 Do you ～?

覚えておこう!

Do you ～? （あなたは～しますか。）

－Yes, I do. （はい、します。）
－No, I don't[do not]. （いいえ、しません。）

考え方

You have a book. （あなたは本を持っています。）→p.40
Do you have a book? （あなたは本を持っていますか。）
　└Doをyouの前に置きます。
They have a book. （かれらは本を持っています。）
Do they have a book? （かれらは本を持っていますか。）
　　　└主語がtheyの場合でも、疑問文は同じように作ります。

ポイント

「あなたは～しますか。」のような一般動詞の疑問文は、文の始めに Do you ～? で表します。答えるときは、doを使って Yes, I do. （はい、します。）または No, I don't. （いいえ、しません。）で答えます。

練習しよう!

1 次の英語の文をなぞって書きましょう。

(1)
Do you make breakfast?

－ No, I don't.
(2)
Do you drink coffee?

－ Yes, they do.

2 次の英語の語句を並べかえて正しい文を作り、＝に書きましょう。

(1) かれらはテニスをしますか。
[play] [they] [Do] [tennis] [?]
Do they play tennis?

(2) (上の質問に答えて) いいえ、しません。
[don't] [No,] [they] [.]
No, they don't.

3 例を見て、絵の人物の会話を考えて＝に書きましょう。

(例)
Do you drink milk?
No, I don't.
drink milk

Do you make lunch?
Yes, I do.
make lunch

単語のまとめ

make		coffee	
breakfast		milk	
drink		lunch	

46　　　47

What do you ~?

覚えておこう!

What do you ~? (あなたは何を~しますか。)
What ... do you ~? (あなたは何の…を~しますか。)

考え方

Do you eat rice for breakfast? →p.46
(あなたは朝食に ご飯 を食べますか。)
What do you eat for breakfast? (あなたは朝食に 何 を食べますか。)
└ 文の始めに What を置き、そのあとに一般動詞の疑問文の形を続けます。
— I eat rice. (私は ご飯 を食べます。)
What animal do you like? (あなたは 何の動物 が好きですか。)
└ <what+名詞>で「何の~」という意味です。
— I like lions. (私は ライオン が好きです。)

ポイント

「あなたは何を~しますか。」とたずねるときは、What do you ~? で表します。「あなたは何の…を~しますか。」とたずねるときは、What ... do you ~? で表します。答えるときは、Yes や No を使わずに具体的に答えます。

練習しよう!

1 次の英語の文をなぞって書きましょう。
(1)
What do you eat for lunch? – I eat bread.
(2)
What subject do you like?

– I like social studies.

48

2 次の英語の語句を並べかえて正しい文を作り、___に書きましょう。
(1) あなたは何を持っていますか。

have | What | you | do | ?
What do you have?

(2) あなたは何のスポーツが好きですか。

do | like | What sport | you | ?
What sport do you like?

3 例を見て、絵の人物の会話を考えて___に書きましょう。

(例)
What do you play?

play / the piano
I play the piano.

What do you want?

want / a bag
I want a bag.

単語のまとめ

	animal		subject
	lion		social studies
	bread		play the piano

49

My name is ~.

覚えておこう!

My name is ~. (私の名前は~です。)

考え方

私の名前は りょうた です。
My name is Ryota.
└ 「~の」を表す語を名詞の前に置きます。

「~の」を表す語	
my	「私の」
your	「あなた(たち)の」
his	「かれの」
her	「かのじょの」
our	「私たちの」
their	「かれらの」

This is his T-shirt. (これは かれの Tシャツです。)
Mr. Yamada is our teacher. (山田先生は 私たちの 先生です。)

ポイント

「私の~」や「あなたの~」と言うときは、my や your などの「~の」を表す語を使います。これらの語は、my book (私の本)、your pen (あなたのペン)のように名詞の前に置きます。

練習しよう!

1 次の英語の文をなぞって書きましょう。
(1)
This is my friend.
(2)
Her hat is new.
(3)
I like their uniforms.
(4)
I don't know his name.

50

2 次の英語の語句を並べかえて正しい文を作り、___に書きましょう。
(1) かのじょのラケットは古いです。

is | racket | old | Her | .
Her racket is old.

(2) 私はあなたのぼうしを持っています。

have | cap | I | your | .
I have your cap.

3 例を見て、絵の人物の言葉を考えて___に書きましょう。

(例)
This is my sweater.

my sweater

That is[That's] our school.

our school

単語のまとめ

	T-shirt		cap
	hat		sweater
	uniform		

51

11

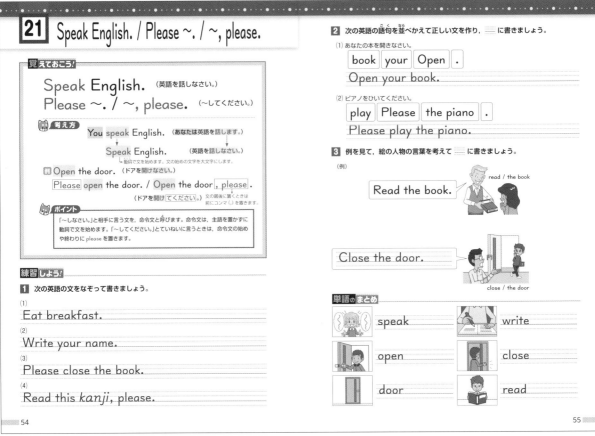

21 Speak English. / Please ~. / ~, please.

覚えておこう!

Speak English. （英語を話しなさい。）
Please ~. / ~, please. （～してください。）

考え方
You speak English. （あなたは英語を話します。）
Speak English. （英語を話しなさい。）
　動詞で文を始めます。文の始めの文字を大文字にします。

例 Open the door. （ドアを開けなさい。）
Please open the door. / Open the door, please.
（ドアを開けてください。）文の最後に置くときは前にコンマ(,)を置きます。

ポイント
「～しなさい。」と相手に言う文を，命令文と呼びます。命令文は，主語を置かずに動詞で文を始めます。「～してください。」とていねいに言うときは，命令文の始めや終わりに please を置きます。

練習しよう!

1 次の英語の文をなぞって書きましょう。

(1)
Eat breakfast.

(2)
Write your name.

(3)
Please close the book.

(4)
Read this *kanji*, please.

54

2 次の英語の語句を並べかえて正しい文を作り，____ に書きましょう。

(1) あなたの本を開きなさい。
| book | your | Open | . |
Open your book.

(2) ピアノをひいてください。
| play | Please | the piano | . |
Please play the piano.

3 例を見て，絵の人物の言葉を考えて ____ に書きましょう。

（例）
Read the book.
read / the book

Close the door.
close / the door

単語のまとめ

speak		write	
open		close	
door		read	

55

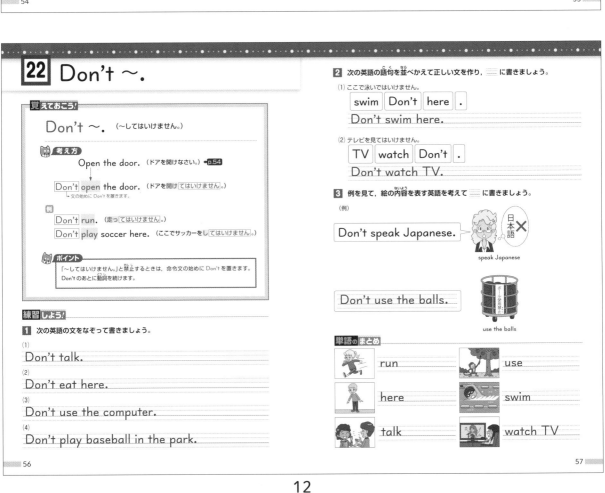

22 Don't ~.

覚えておこう!

Don't ~. （～してはいけません。）

考え方
Open the door. （ドアを開けなさい。） ◀p.54
Don't open the door. （ドアを開けてはいけません。）
　文の始めに Don't を置きます。

例
Don't run. （走ってはいけません。）
Don't play soccer here. （ここでサッカーをしてはいけません。）

ポイント
「～してはいけません。」と禁止するときは，命令文の始めに Don't を置きます。Don't のあとに動詞を続けます。

練習しよう!

1 次の英語の文をなぞって書きましょう。

(1)
Don't talk.

(2)
Don't eat here.

(3)
Don't use the computer.

(4)
Don't play baseball in the park.

56

2 次の英語の語句を並べかえて正しい文を作り，____ に書きましょう。

(1) ここで泳いではいけません。
| swim | Don't | here | . |
Don't swim here.

(2) テレビを見てはいけません。
| TV | watch | Don't | . |
Don't watch TV.

3 例を見て，絵の内容を表す英語を考えて ____ に書きましょう。

（例）
Don't speak Japanese.
speak Japanese

Don't use the balls.
use the balls

単語のまとめ

run		use	
here		swim	
talk		watch TV	

57

12

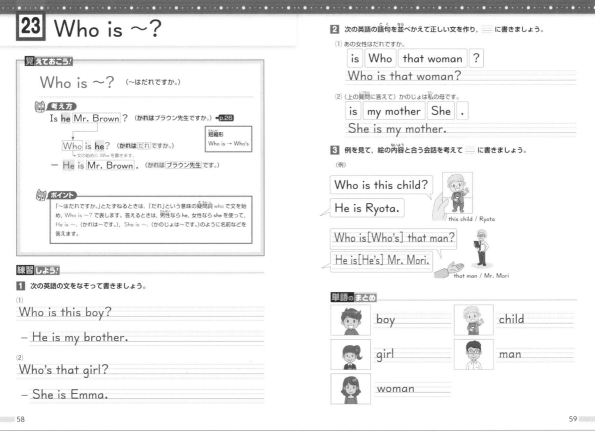

23 Who is 〜?

覚えておこう!

Who is 〜? (〜はだれですか。)

考え方

Is he Mr. Brown ? (かれはブラウン先生ですか。) →p.26

↓

Who is he? (かれはだれですか。)
└ 文の始めに Who を置きます

短縮形
Who is → Who's

— He is Mr. Brown . (かれはブラウン先生です。)

ポイント

「〜はだれですか。」とたずねるときは、「だれ」という意味の疑問詞 who で文を始め、Who is 〜? で表します。答えるときは、男性なら he、女性なら she を使って、He is 〜. (かれは〜です。)、She is 〜. (かのじょは〜です。)のように名前などを答えます。

練習しよう!

1 次の英語の文をなぞって書きましょう。

(1)
Who is this boy?

— He is my brother.

(2)
Who's that girl?

— She is Emma.

2 次の英語の語句を並べかえて正しい文を作り、＿＿に書きましょう。

(1) あの女性はだれですか。

| is | Who | that woman | ? |

Who is that woman?

(2) (上の質問に答えて) かのじょは私の母です。

| is | my mother | She | . |

She is my mother.

3 例を見て、絵の内容と合う会話を考えて＿＿に書きましょう。

(例)

Who is this child?

He is Ryota.

this child / Ryota

Who is[Who's] that man?

He is[He's] Mr. Mori.

that man / Mr. Mori

単語のまとめ

boy

child

girl

man

woman

58 59

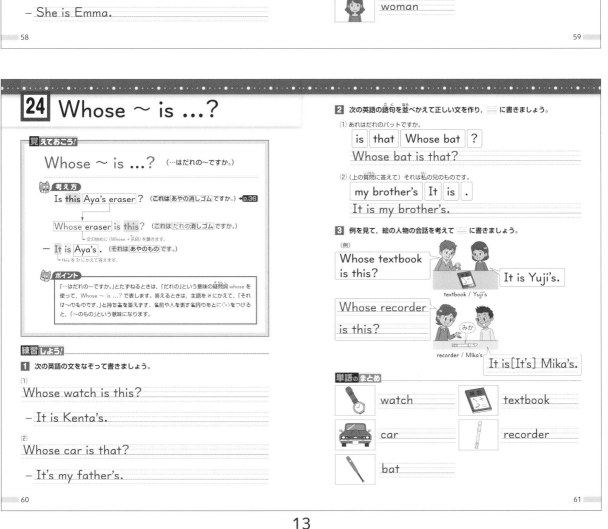

24 Whose 〜 is …?

覚えておこう!

Whose 〜 is …? (…はだれの〜ですか。)

考え方

Is this Aya's eraser ? (これはあやの消しゴムですか。) →p.36

↓

Whose eraser is this? (これはだれの消しゴムですか。)
└ 文の始めに〈Whose + 名詞〉を置きます。

— It is Aya's . (それはあやのもの です。)
└ this を It にかえて答えます。

ポイント

「…はだれの〜ですか。」とたずねるときは、「だれの」という意味の疑問詞 whose を使って、Whose 〜 is …? で表します。答えるときは、主語を it にかえて、「それは〜のものです。」と持ち主を答えます。名前や、人を表す名詞のあとに〈's〉をつけると、「〜のもの」という意味になります。

練習しよう!

1 次の英語の文をなぞって書きましょう。

(1)
Whose watch is this?

— It is Kenta's.

(2)
Whose car is that?

— It's my father's.

2 次の英語の語句を並べかえて正しい文を作り、＿＿に書きましょう。

(1) あれはだれのバットですか。

| is | that | Whose bat | ? |

Whose bat is that?

(2) (上の質問に答えて) それは私の兄のものです。

| my brother's | It | is | . |

It is my brother's.

3 例を見て、絵の人物の会話を考えて＿＿に書きましょう。

(例)

Whose textbook is this?

It is Yuji's.

textbook / Yuji's

Whose recorder is this?

みか

It is[It's] Mika's.

recorder / Mika's

単語のまとめ

watch

textbook

car

recorder

bat

60 61

13

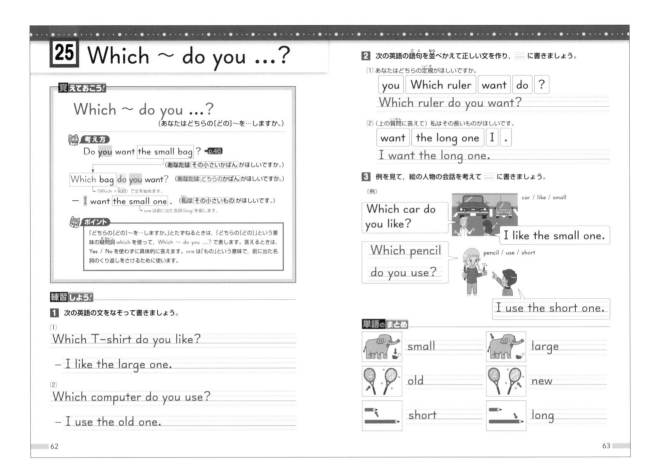

25 Which ~ do you …?

覚えておこう!

Which ~ do you …?
（あなたはどちらの[どの]〜を…しますか。）

考え方

Do you want the small bag? → p.46
（あなたは その小さいかばん がほしいですか。）

Which bag do you want? （あなたは どちらのかばん がほしいですか。）
〔Which＋名詞〕で文を始めます。

— I want the small one. （私は その小さいもの がほしいです。）
one は前に出た名詞(bag)を指します。

ポイント

「どちらの[どの]〜を…しますか。」とたずねるときは、「どちらの[どの]」という意味の疑問詞 which を使って、Which 〜 do you …? で表します。答えるときは、Yes / No を使わずに具体的に答えます。one は「もの」という意味で、前に出た名詞のくり返しをさけるために使います。

練習しよう!

1 次の英語の文をなぞって書きましょう。

(1)
Which T-shirt do you like?

 — I like the large one.

(2)
Which computer do you use?

 — I use the old one.

62

2 次の英語の語句を並べかえて正しい文を作り、＿＿に書きましょう。

(1) あなたはどちらの定規がほしいですか。

| you | Which ruler | want | do | ? |

Which ruler do you want?

(2)（上の質問に答えて）私はその長いものがほしいです。

| want | the long one | I | . |

I want the long one.

3 例を見て、絵の人物の会話を考えて＿＿に書きましょう。

（例）

Which car do you like? 　　car / like / small

I like the small one.

Which pencil do you use? 　　pencil / use / short

I use the short one.

単語のまとめ

	small		large
	old		new
	short		long

63

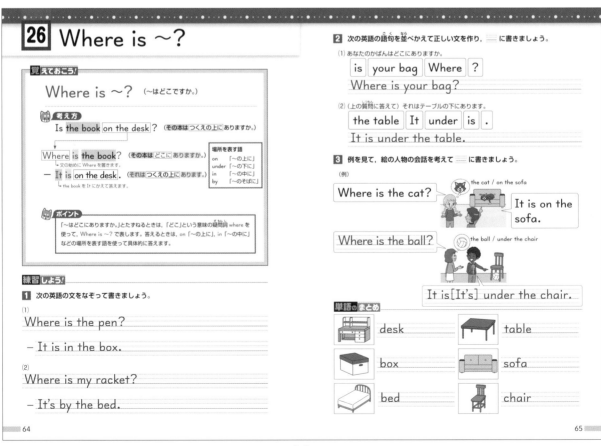

26 Where is ~?

覚えておこう!

Where is ~? （〜はどこですか。）

考え方

Is the book on the desk? （その本は つくえの上に ありますか。）

Where is the book? （その本は どこに ありますか。）
文の始めに Where を置きます。

場所を表す語	
on	「〜の上に」
under	「〜の下に」
in	「〜の中に」
by	「〜のそばに」

— It is on the desk. （それは つくえの上に あります。）
the book を It にかえて答えます。

ポイント

「〜はどこにありますか。」とたずねるときは、「どこ」という意味の疑問詞 where を使って、Where is 〜? で表します。答えるときは、on「〜の上に」、in「〜の中に」などの場所を表す語を使って具体的に答えます。

練習しよう!

1 次の英語の文をなぞって書きましょう。

(1)
Where is the pen?

 — It is in the box.

(2)
Where is my racket?

 — It's by the bed.

64

2 次の英語の語句を並べかえて正しい文を作り、＿＿に書きましょう。

(1) あなたのかばんはどこにありますか。

| is | your bag | Where | ? |

Where is your bag?

(2)（上の質問に答えて）それはテーブルの下にあります。

| the table | It | under | is | . |

It is under the table.

3 例を見て、絵の人物の会話を考えて＿＿に書きましょう。

（例）

Where is the cat? 　　the cat / on the sofa

It is on the sofa.

Where is the ball? 　　the ball / under the chair

It is[It's] under the chair.

単語のまとめ

	desk		table
	box		sofa
	bed		chair

65

14

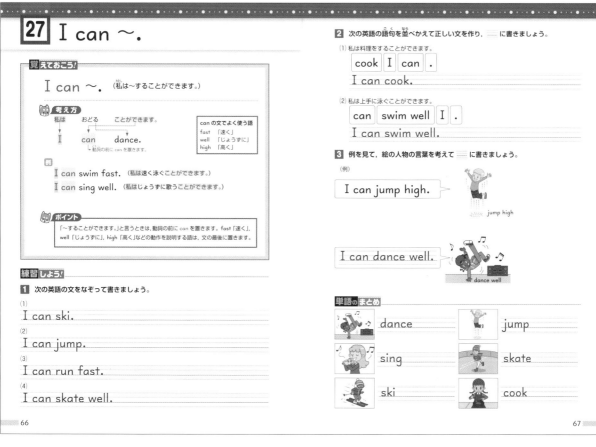

27 I can 〜.

覚えておこう!

I can 〜.（私は〜することができます。）

考え方

私は　　おどる　　ことができます。
I　can　dance.
└動詞の前に can を置きます。

can の文でよく使う語
fast 「速く」
well 「じょうずに」
high 「高く」

例
I can swim fast.（私は速く泳ぐことができます。）
I can sing well.（私はじょうずに歌うことができます。）

ポイント
「〜することができます。」と言うときは、動詞の前に can を置きます。fast「速く」、well「じょうずに」、high「高く」などの動作を説明する語は、文の最後に置きます。

練習しよう!

1 次の英語の文をなぞって書きましょう。

(1)
I can ski.
(2)
I can jump.
(3)
I can run fast.
(4)
I can skate well.

66

2 次の英語の語句を並べかえて正しい文を作り、＿＿に書きましょう。

(1) 私は料理をすることができます。
| cook | I | can | . |

I can cook.

(2) 私は上手に泳ぐことができます。
| can | swim well | I | . |

I can swim well.

3 例を見て、絵の人物の言葉を考えて＿＿に書きましょう。

(例)

I can jump high.

jump high

I can dance well.

dance well

単語のまとめ

	dance		jump
	sing		skate
	ski		cook

67

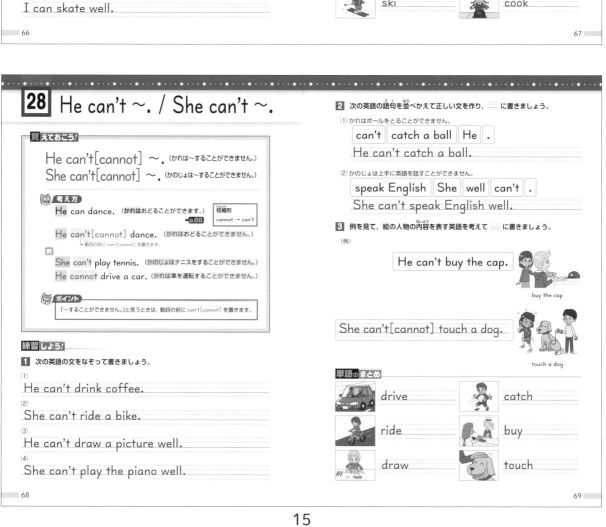

28 He can't 〜. / She can't 〜.

覚えておこう!

He can't[cannot] 〜.（かれは〜することができません。）
She can't[cannot] 〜.（かのじょは〜することができません。）

考え方
He can dance.（かれはおどることができます。）

短縮形
cannot → can't
→p.66

He can't[cannot] dance.（かれはおどることができません。）
└動詞の前に can't[cannot] を置きます。

例
She can't play tennis.（かのじょはテニスをすることができません。）
He cannot drive a car.（かれは車を運転することができません。）

ポイント
「〜することができません。」と言うときは、動詞の前に can't[cannot] を置きます。

練習しよう!

1 次の英語の文をなぞって書きましょう。

(1)
He can't drink coffee.
(2)
She can't ride a bike.
(3)
He can't draw a picture well.
(4)
She can't play the piano well.

68

2 次の英語の語句を並べかえて正しい文を作り、＿＿に書きましょう。

(1) かれはボールをとることができません。
| can't | catch a ball | He | . |

He can't catch a ball.

(2) かのじょは上手に英語を話すことができません。
| speak English | She | well | can't | . |

She can't speak English well.

3 例を見て、絵の人物の内容を表す英語を考えて＿＿に書きましょう。

(例)

He can't buy the cap.

buy the cap

She can't[cannot] touch a dog.

touch a dog

単語のまとめ

	drive		catch
	ride		buy
	draw		touch

69

15

29 Can you ～?

覚えておこう!

Can you ～? （あなたは～することができますか。）

—Yes, I can. （はい，できます。）

—No, I can't. （いいえ，できません。）

考え方

You can swim fast. （あなたは速く泳ぐことができます。）→p.66

↓

Can you swim fast? （あなたは速く泳ぐことができますか。）

ポイント

「あなたは～することができますか。」とたずねるときは，文の最初に can を置き Can you ～? で表します。答えるときは，can を使って Yes, I can. （はい，私はできます。）または No, I can't. （いいえ，私はできません。）で答えます。

練習しよう!

1 次の英語の文をなぞって書きましょう。

(1)
Can you play the guitar?

– Yes, I can.　I can play the guitar.

(2)
Can he play soccer well?

– No, he can't.　He can't play soccer.

70

2 次の英語の語句を並べかえて正しい文を作り， に書きましょう。

(1) あなたは上手に絵をかくことができますか。

| you | draw pictures well | Can | ? |

Can you draw pictures well ?

(2) いいえ，できません。

| can't | I | No, | . |

No, I can't.

3 例を見て，絵の人物の会話を考えて に書きましょう。

(例)

Can you fly?

No, I can't.

Can you cook?

Yes, I can.

単語のまとめ

swim

draw pictures

play the guitar

fly

play soccer

cook

71

30 I am good at ～.

覚えておこう!

I am good at ～. （私は～が得意です。）

考え方

私は　サッカー　が得意です。

I　am good at　soccer.
　　↑主語に合わせた be 動詞を使います。

例

He is good at judo. （かれは柔道が得意です。）

I'm good at singing. （私は歌うことが得意です。）

ポイント

「私は～が得意です。」と言うときは，I am good at ～. で表します。主語が I 以外のときは，主語によって be 動詞を使い分けます。at のあとに，得意なことを表す語を続けます。

練習しよう!

1 次の英語の文をなぞって書きましょう。

(1)
I am good at baseball.

(2)
I'm good at cooking.

(3)
He is good at skiing.

(4)
She is good at kendo.

72

2 次の英語の語句を並べかえて正しい文を作り， に書きましょう。

(1) 私は卓球が得意です。

| am | table tennis | I | at | good | . |

I am good at table tennis.

(2) かのじょはおどることが得意です。

| good | is | at | dancing | She | . |

She is good at dancing.

3 例を見て，絵の人物の言葉を考えて に書きましょう。

(例)

I am good at skating.

skating

I am[I'm] good at swimming.

swimming

単語のまとめ

singing

dancing

cooking

skating

skiing

swimming

73

16